발전한어
发展汉语

DEVELOPING CHINESE

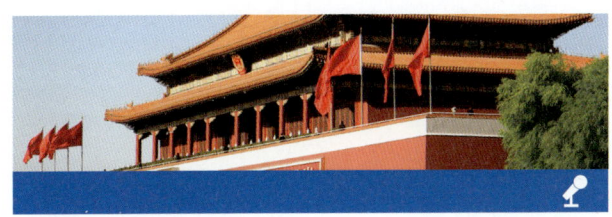

말하기
초급 1

북경어언대학출판사 편

원제 发展汉语(第二版)_初级口语(Ⅰ)
편저 王淑红, 么书君
번역 우정하, 류성준, 구양근, 유응구

다락원

MP3 파일 다운로드 및
실시간 재생 서비스

발전 한어 말하기 초급 1

편저 王淑红, 么书君
번역 우정하, 류성준, 구양근, 유응구
펴낸이 정규도
펴낸곳 (주)다락원

초판 1쇄 발행 2013년 8월 28일
초판 6쇄 발행 2024년 3월 13일

기획 · 편집 오제원, 이상윤
디자인 박나래, 임미영
일러스트 디자인렘

다락원 경기도 파주시 문발로 211
전화 (02)736-2031(내선 250~252/내선 430~437)
팩스 (02)732-2037
출판등록 1977년 9월 16일 제406-2008-000007호

Copyright ⓒ 2011, 北京语言大学出版社
한국 내 Copyright ⓒ 2013, (주)다락원

이 책의 한국 내 저작권은 北京语言大学出版社와의 독점 계약으로 (주)다락원이 소유합니다.

저자 및 출판사의 허락 없이 이 책의 일부 또는 전부를 무단 복제 · 전재 · 발췌할 수 없습니다. 구입 후 철회는 회사 내규에 부합하는 경우에 가능하므로 구입처에 문의하시기 바랍니다. 분실 · 파손 등에 따른 소비자 피해에 대해서는 공정거래위원회에서 고시한 소비자 분쟁 해결 기준에 따라 보상 가능합니다. 잘못된 책은 바꿔 드립니다.

ISBN 978-89-277-2124-6 18720
978-89-277-2112-3(set)

www.darakwon.co.kr

다락원 홈페이지를 방문하시면 상세한 출판 정보와 함께 동영상 강좌, MP3 자료 등 다양한 어학 정보를 얻으실 수 있습니다.

들어가는 말

발전 한어 시리즈

『발전 한어』시리즈는 중국어 교재 베스트셀러로 꾸준한 사랑을 받아 온 북경어언대학출판사의 대표 대외 한어 시리즈인 『发展汉语(第二版)』의 한국어판이다.

중국 정부에서는 『发展汉语(第二版)』를 '普通高等教育〈十一五〉国家级规划教材'의 하나로 선정하여 대내외적으로 널리 홍보한 바 있다. 북경어언대학출판사에서는 양질의 대외 한어 교재를 위해 '发展汉语教材编写委员会' 및 '发展汉语教材编辑委员会'를 특별히 구성하여 다양한 내용과 창의적인 구성으로 단순한 중국어 학습뿐 아니라, 역사와 문화 등 중국의 전반적인 생활을 학습할 수 있는 본 시리즈를 출간하였고, 다락원은 이 『发展汉语(第二版)』를 한국 내 학습자의 수요에 맞춰 기존 중국어 분야별 시리즈와는 차별화하여 기초 학습자부터 시작할 수 있는 난도의 시리즈로 대학 및 학원에서 널리 쓰일 수 있게 출간하게 되었다.

듣기·말하기·읽기·쓰기 네 분야가 수준별로 출간되어 수업 내용에 따라 채택할 수 있으며, 듣기·독해·쓰기의 세 분야로 출제되는 新HSK와도 밀접하게 연계하여 학습할 수 있다. 『발전 한어』시리즈는 다음과 같이 **듣기 4종**[듣기 초급 1, 듣기 초급 2, 듣기 중급 1, 듣기 중급 2], **말하기 4종**[말하기 초급 1, 말하기 초급 2, 말하기 중급 1, 말하기 중급 2], **읽기·쓰기 3종**[읽기·쓰기 초급 1, 읽기·쓰기 초급 2, 읽기·쓰기 중급]의 총 11권으로 출간된다.

	중국어판	한국어판
듣기	发展汉语(第二版)_初级听力(Ⅰ)	발전 한어 듣기 초급 1 발전 한어 듣기 초급 2
	发展汉语(第二版)_初级听力(Ⅱ)	발전 한어 듣기 중급 1 발전 한어 듣기 중급 2
말하기	发展汉语(第二版)_初级口语(Ⅰ)	발전 한어 말하기 초급 1 발전 한어 말하기 초급 2
	发展汉语(第二版)_初级口语(Ⅱ)	발전 한어 말하기 중급 1 발전 한어 말하기 중급 2
읽기·쓰기	发展汉语(第二版)_初级读写(Ⅰ) 发展汉语(第二版)_初级读写(Ⅱ)	발전 한어 읽기·쓰기 초급 1 발전 한어 읽기·쓰기 초급 2 발전 한어 읽기·쓰기 중급 1

체계적으로 출간되는 분야별 교재 시리즈인 『발전 한어』시리즈로, 앞으로 많은 중국어 학습자들이 중국어 실력을 한 단계 한 단계 탄탄하게 쌓아가길 바란다.

다락원 중국어 출판부

차례

들어가는 말   3
차례   4
이 책의 구성과 특징   6
일러두기   8

- **01**   Nǐ hǎo!   10
  你好!   안녕하세요!

- **02**   Xièxie!   18
  谢谢!   감사합니다!

- **03**   Jīntiān xīngqīyī.   26
  今天星期一。   오늘은 월요일이에요.

- **04**   Wǒ shì Zhōngguórén.   32
  我是中国人。   저는 중국인이에요.

- **05**   Wǒ xuéxí Hànyǔ.   40
  我学习汉语。   저는 중국어를 공부해요.

- **06**   Nǐmen bān yǒu duōshao rén?   48
  你们班有多少人?   당신네 반은 몇 명인가요?

- **07** Yígòng duōshao qián?   56
  一共多少钱? 모두 얼마예요?

- **08** Qǐngwèn, yínháng zài nǎr?   64
  请问，银行在哪儿? 말씀 좀 여쭙겠습니다. 은행은 어디에 있나요?

- **09** Jīntiān jǐ yuè jǐ hào?   72
  今天几月几号? 오늘은 몇 월 며칠인가요?

- **10** Wǒ měitiān bā diǎn shàngkè.   80
  我每天8点上课。 저는 매일 8시에 수업을 들어요.

- **11** Wǒ zhù zài liúxuéshēng sùshè.   88
  我住在留学生宿舍。 저는 유학생 기숙사에 살아요.

- **12** Wǒ zài Běijīng xuéxí Hànyǔ.   96
  我在北京学习汉语。 저는 베이징에서 중국어를 공부해요.

모범 답안 / 해석   103

이 책의 구성과 특징

발전 한어 말하기 초급

『발전 한어 말하기 초급』은 이제 막 중국어를 학습한 시작한 기초~초급 학습자를 대상으로 한 초급 말하기 교재로 『발전 한어 말하기 초급 1』, 『발전 한어 말하기 초급 2』의 두 권으로 출간된다.

『발전 한어 말하기 초급 1』은 기초 학습자 수준에 맞춰 한어병음 연습부터 시작하며 300여 개의 단어로 내용이 구성된다. 『발전 한어 말하기 초급 2』는 초급 학습자 수준에 맞춰 한어병음 구분 훈련을 계속해 나가며 350여 개의 단어로 내용이 구성된다. 따라서 『발전 한어 말하기 초급』학습을 마치고 나면, 新HSK 2급 및 3급 정도의 실력을 쌓게 된다.

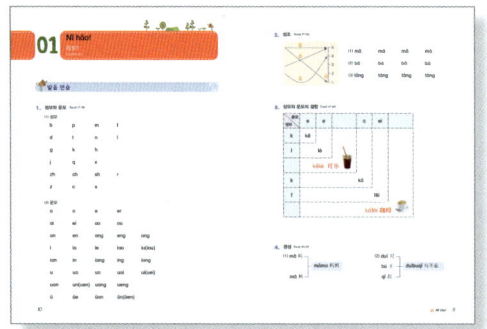

발음 연습

제1과~제5과에만 구성된 코너로, 본격적인 말하기 학습을 하기 전에 발음과 관련된 기본 실력을 쌓는다. 성모와 운모 익히기, 4성 익히기, 듣고 따라 하기 등 다양한 형식으로 발음을 충분히 연습한다.

말하기 훈련

매 과마다 2~3개의 본문 내용을 통해 말하기 훈련을 한다. 재미있는 삽화를 함께 제시하여 본문 내용의 이해를 도왔고, 본문 하단에는 빈칸 넣는 문제를 제시하여 배운 내용을 간단히 체크해 볼 수 있다.

필수 표현

제4과~제12과에만 구성된 코너로, 말하기 훈련에서 핵심이 되는 주요 표현들을 다시 한번 복습한다.

말하기 연습

각 과에서 배운 내용을 연습할 수 있는 다양한 문제들이 제시되어 있다. 듣고 따라 하기, 주요 문장에 주어진 단어들을 활용하는 교체 연습, 빈칸 채우기 등 다양한 문제들을 제시하여 말하기 연습을 집중적으로 해 본다.

실전 말하기 연습

각 과에서 배운 내용을 활용하여 말하기 연습을 하는 코너이다. 중국어로 잘 표현할 수 있는지 연습해 보자.

부록 모범 답안 / 해석

본문에 나오는 모범답안과 듣기 대본, 우리말 해석을 실었다. 특히, 학습의 편의성을 위해 발음 연습에 나오는 한어병음의 한자와 한글 뜻을 정리하였다. 중급 수준의 어려운 글자도 많지만, 어떤 글자의 한어병음인지 참고하며 학습하게 함으로써 중국어 실력을 탄탄히 쌓게 돕는다.

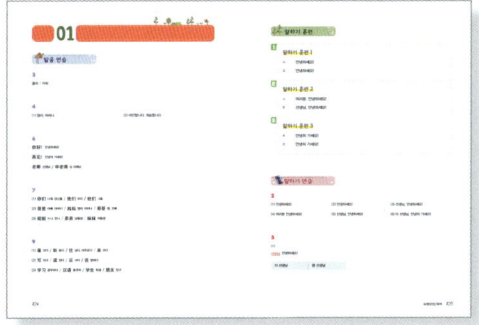

MP3 다운로드

- 교재의 MP3 음원은 '다락원 홈페이지(www.darakwon.co.kr)'를 통해서 무료로 다운로드 할 수 있습니다.
- 스마트폰으로 QR코드를 스캔하면 MP3 다운로드 및 실시간 재생 가능한 페이지로 바로 연결됩니다.

일러두기

▶ **이 책에 쓰인 고유명사 표기는 다음과 같다.**

❶ 지명은 중국어 발음으로 표기하였다.
   예) 北京 베이징   上海 상하이   西安 시안

❷ 인명은 중국인은 중국어 발음으로 표기하고, 그 외 각 나라 사람들의 인명은 그 나라에서 불리는 발음대로 한글로 표기하였다.
   예) 李雪 리쉐   朴大中 박대중   友美 토모미

▶ **중국어의 품사는 다음과 같은 약어로 표기하였다.**

명사	명	동사	동
형용사	형	부사	부
양사	양	개사	개
조사	조	수사	수
접속사	접	감탄사	감
인칭대사	대	의문대사	대
지시대사	대	고유명사	고유

01 Nǐ hǎo!
你好!
안녕하세요!

발음 연습

1. 성모와 운모 Track 01-01

(1) 성모

b	p	m	f
d	t	n	l
g	k	h	
j	q	x	
zh	ch	sh	r
z	c	s	

(2) 운모

a	o	e	er	
ai	ei	ao	ou	
an	en	ang	eng	ong
i	ia	ie	iao	iu(iou)
ian	in	iang	ing	iong
u	ua	uo	uai	ui(uei)
uan	un(uen)	uang	ueng	
ü	üe	üan	ün(üen)	

2. 성조 Track 01-02

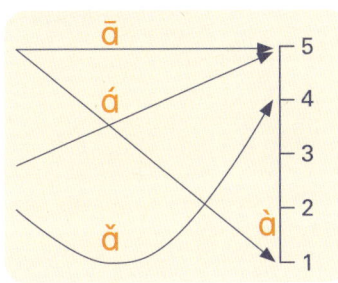

(1) mā　　má　　mǎ　　mà

(2) bā　　bá　　bǎ　　bà

(3) tāng　　táng　　tǎng　　tàng

3. 성모와 운모의 결합 Track 01-03

운모\성모	e	e	a	ei
k	kě			
l		lè		
		kělè 可乐		
k			kā	
f				fēi
			kāfēi 咖啡	

4. 경성 Track 01-04

(2) duì 对 ─┐
　　bù 不　├─ duìbuqǐ 对不起
　　qǐ 起 ─┘

5. 음절 읽기 연습 Track 01-05

(1) bā　　　pā　　　mā　　　fā

(2) bō　　　pō　　　mō　　　fō

(3) dē　　　tē　　　nē　　　lē

(4) dū　　　tū　　　nū　　　lū

(5) jī　　　qī　　　xī

(6) zuō　　　cuō　　　suō

(7) guā　　　kuā　　　huā

(8) zhēng　　　chēng　　　shēng　　　rēng

6. 4성 읽기 연습 Track 01-06

ā	á	ǎ	à	
ē	é	ě	è	
ō	ó	ǒ	ò	
nī	ní	nǐ	nì	Nǐ hǎo!
hāo	háo	hǎo	hào	
zāi		zǎi	zài	Zàijiàn!
jiān		jiǎn	jiàn	
shēn	shén	shěn	shèn	lǎoshī
lāo	láo	lǎo	lào	Shěn lǎoshī
shī	shí	shǐ	shì	

7. 경성 읽기 연습 Track 01-07

(1) nǐmen　　wǒmen　　tāmen

(2) bàba　　māma　　gēge

(3) jiějie　　dìdi　　mèimei

8. 발음 구별 연습 Track 01-08

(1) bà — pà　　nín — níng　　jī — zhī　　mù — hù

(2) yán — xián　　gàn — hàn　　zì — sì　　qū — qī

(3) tā — tà　　dī — dì　　xiāng — xiàng　　shuí — shuǐ

(4) ōu — ǒu　　liú — liù　　hē — hé　　ǎi — ài

(5) zuó — cuò　　shǐ — xì　　hú — gù　　wǒ — wú

(6) xùn — jué　　kǒu — gòu　　fēn — hěn　　qián — juàn

9. 단어 읽기 연습 Track 01-09

(1) kàn　　tīng　　zhù　　lái

(2) xiě　　dú　　mǎi　　shuō

(3) xuéxí　　Hànyǔ　　xuésheng　　péngyou

말하기 훈련

새 단어 Track 01-10

- 你 nǐ 대 너, 당신
- 好 hǎo 형 좋다, 괜찮다, 건강하다
- 老师 lǎoshī 명 선생님
- 您 nín 대 당신['你'의 존칭]
- 你们 nǐmen 대 너희들, 당신들
- 们 men 접 ~들[사람을 표현하는 명사나 대명사 뒤에서 복수를 나타냄]
- 再见 zàijiàn 동 잘 가, 안녕히 가세요

1 말하기 훈련 1 Track 01-11

A: 你好! Nǐ hǎo!

B: 你好! Nǐ hǎo!

2 말하기 훈련 2 Track 01-12

A: 你们好!
Nǐmen hǎo!

B: 老师，您好!
Lǎoshī, nín hǎo!

3 말하기 훈련 3 Track 01-13

A: 再见!
Zàijiàn!

B: 再见!
Zàijiàn!

🐦 말하기 연습

1. 잘 듣고 따라 읽어 보세요. Track 01-14

> bàba 爸爸 아빠, 아버지 　　　　　 māma 妈妈 엄마, 어머니
> Lǐ lǎoshī 李老师 이 선생님 　　　 Wáng lǎoshī 王老师 왕 선생님

2. 한 문장씩 큰소리로 말해 보세요.

(1) 你好!
Nǐ hǎo!

(2) 您好!
Nín hǎo!

(3) 老师好!
Lǎoshī hǎo!

(4) 你们好!
Nǐmen hǎo!

(5) 老师, 您好!
Lǎoshī, nín hǎo!

(6) 李老师, 再见!
Lǐ lǎoshī, zàijiàn!

3. 주어진 단어를 활용하여 교체 연습을 해 보세요.

(1) 老师, 您好!
Lǎoshī, nín hǎo!

李老师	王老师
Lǐ lǎoshī	Wáng lǎoshī

(2) 你们好!
Nǐmen hǎo!

爸爸	妈妈
bàba	māma

실전 말하기 연습

1. 옆사람과 함께 인물들의 이름을 활용하여 중국어로 인사하는 연습을 해 보세요.

예 A 汉娜，你好。
　　B 友美，你好。

02 Xièxie!
谢谢!
감사합니다!

발음 연습

1. 제3성의 성조 변화 Track 02-01

(1) nǐ 你
    hǎo 好 → ní hǎo 你好

2. '不'의 성조 변화 Track 02-02

(1)
bù 不 ─ hē 喝   → bù hē 不喝
       lái 来   → bù lái 不来
       mǎi 买   → bù mǎi 不买
       qù 去   → bú qù 不去

3. 음절 읽기 연습 Track 02-03

(1) è   ài   yá   běn
(2) nào   lóu   yǔ   mài
(3) chà   zhuā   gēn   kěn
(4) hái   hòu   jǔ   nǚ
(5) fàn   hàn   shī   xī

(6) rì　　　　lì　　　　zuó　　　huó

(7) bǎn　　　bāng　　 pín　　　pīng

(8) kàng　　 kuàng　　quē　　　qún

4. 4성 읽기 연습 Track 02-04

lāo	láo	lǎo	lào	lǎoshī
shī	shí	shǐ	shì	
zāo	záo	zǎo	zào	zǎoshang
shāng		shǎng	shàng	
xiē	xié	xiě	xiè	xièxie
bū	bú	bǔ	bù	
kē	ké	kě	kè	bú kèqi
qī	qí	qǐ	qì	
duī			duì	duìbuqǐ
	méi	měi	mèi	
guān		guǎn	guàn	méi guānxi
xī	xí	xǐ	xì	

5. 제3성의 성조 변화 연습 Track 02-05

(1) nǐ hǎo　　　hěn hǎo　　　xiǎojiě　　　shuǐguǒ

(2) xiǎoyǔ　　　shǒubiǎo　　ye hǎo　　　 suǒyǐ

6. '不'의 성조 변화 연습 Track 02-06

(1) bù chī   bù lái   bù xiě   bú kàn

(2) bù chī bù hē   bù tīng bú kàn   bú jiào bù lái   bú wèn bù shuō

7. 발음 구별 연습 Track 02-07

(1) huán — hán   ròu — ruò

(2) rì — rè   zhè — shè

(3) lǜ — lù   bà — pà

(4) bí — pí   hù — fù

(5) zhí — zhǐ   xiā — xiá

(6) zhē — zhè   yí — yǐ

(7) zhōng — zhǒng   dǔ — dù

(8) qí — qì   wú — wǔ

(9) qián — jiāng   jiě — xuè

(10) niú — liù   nǐ — nín

(11) yǔ — xì   dà — tā

(12) máng — mín   shàng — xià

8. 단어 읽기 연습 Track 02-08

(1) qù   chī   hē   jiào

(2) zuò   kāi   shì   yǒu

(3) shuōhuà　　　shuìjiào　　　gōngzuò　　　xià yǔ

(4) dǎ diànhuà　　mǎi dōngxi　　zuò zuòyè　　qù jiàoshì

(5) yì běn shū　　yí kuài qián　　bú huì lái　　bù hē shuǐ

말하기 훈련

새 단어 Track 02-09

- 早上 zǎoshang 명 아침
- 谢谢 xièxie 동 고맙습니다, 감사합니다
- 不客气 bú kèqi 괜찮습니다, 천만에요
- 对不起 duìbuqǐ 동 미안합니다, 죄송합니다
- 没关系 méi guānxi 괜찮습니다

1 말하기 훈련 1 Track 02-10

A: 你好!
Nǐ hǎo!

B: 早上好!
Zǎoshang hǎo!

2 말하기 훈련 2 Track 02-11

A: 谢谢。
Xièxie.

B: 不客气。
Bú kèqi.

3 말하기 훈련 3 Track 02-12

A: 对不起。
Duìbuqǐ.

B: 没关系。
Méi guānxi.

말하기 연습

1. 잘 듣고 따라 읽어 보세요. Track 02-13

> xiàwǔ 下午 오후
> bú xiè 不谢 천만에요
> wǎnshang 晚上 저녁
> búyòng xiè 不用谢 천만에요

2. 한 문장씩 큰소리로 말해 보세요.

(1) 早上好。
Zǎoshang hǎo.

(2) 下午好。
Xiàwǔ hǎo.

(3) 晚上好。
Wǎnshang hǎo.

(4) 谢谢你。
Xièxie nǐ.

(5) 谢谢老师。
Xièxie lǎoshī.

(6) 对不起。
Duìbuqǐ.

(7) 没关系。
Méi guānxi.

3. 주어진 단어를 활용하여 교체 연습을 해 보세요.

(1) A 老师，早上好！
　　　Lǎoshī, zǎoshang hǎo!

　　B 你好。
　　　Nǐ hǎo.

下午好	晚上好
xiàwǔ hǎo	wǎnshang hǎo

(2) A 谢谢！
　　　Xièxie!

　　B 不客气。
　　　Bú kèqi.

不谢	不用谢
bú xiè	búyòng xiè

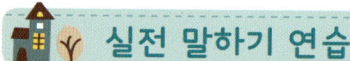 실전 말하기 연습

1. 옆사람과 지금 시각에 맞게 인사 연습을 해 보세요.

예 A 早上好。
　　B 早上好。

예 A 晚上好。
B 晚上好。

03 Jīntiān xīngqīyī.
今天星期一。
오늘은 월요일이에요.

발음 연습

1. '一'의 성조 변화 Track 03-01

(1)

yī 一 ─┬─ xiē 些   yìxiē 一些
       ├─ yuán 元   yì yuán 一元
       ├─ běn 本   yì běn 一本
       └─ jiàn 件   yí jiàn 一件

2. 음절 읽기 연습 Track 03-02

(1) nà   bēi   zhēn   mǐ
(2) liàng   xīn   gōng   gài
(3) qiě   wēng   nèi   dōu
(4) miù   miàn   zú   tuō
(5) rù   luò   chū   tǎng
(6) mǒu   ēn   sǎo   shài
(7) rén   shè   zé   fǎ
(8) yè   lüè   qū   quán

3. 4성 읽기 연습 Track 03-03

xiā	xiá		xià	xiàwǔ
wū	wú	wǔ	wù	
wān	wán	wǎn	wàn	wǎnshang
shāng		shǎng	shàng	
bū	bú	bǔ	bù	bú xiè
xiē	xié	xiě	xiè	
yōng	yóng	yǒng	yòng	búyòng xiè
jīn		jǐn	jìn	jīntiān
tiān	tián	tiǎn	tiàn	
	míng	mǐng	mìng	míngtiān
xīng	xíng	xǐng	xìng	xīngqīrì
qī	qí	qǐ	qì	
			rì	
jiū		jiǔ	jiù	jiǔyuè
yuē		yuě	yuè	
bā	bá	bǎ	bà	bā hào
hāo	háo	hǎo	hào	

4. '一'의 성조 변화 연습 Track 03-04

(1) yì tiān   yì nián   yì diǎn   yí kuài

(2) yìxiē   yìzhí   yìqǐ   yígòng

5. 발음 구별 연습 Track 03-05

(1) kuài — kài   jīn — qīn

(2) háng — huáng   zhè — zhèr

(3) tuī — duī   fàn — fàng

(4) rào — ròu   zì — cì

(5) tīng — tíng   xiū — xiù

(6) qiǎng — qiāng   yún — yùn

(7) dà — dǎ   zào — záo

(8) mà — mā   qǐ — qí

(9) cǎo — zǒu   quán — jiàn

(10) gāng — xíng   jūn — jìn

(11) zhāng — cháng   sǔn — zěn

(12) ruì — rùn   liáng — làng

6. 단어 읽기 연습 Track 03-06

(1) jiā   shuǐ   shàng   xià

(2) cài   qián   rén   shū

(3) shāngdiàn   xuéxiào   yīyuàn   fànguǎn

(4) xiànzài   shuǐguǒ   shíhou   yīfu

(5) huǒchēzhàn   chūzūchē   kàn yīshēng   hěn gāoxìng

말하기 훈련

새 단어 Track 03-07

- 今天 jīntiān 명 오늘
- 星期一 xīngqīyī 명 월요일
- 明天 míngtiān 명 내일
- 星期二 xīngqī'èr 명 화요일
- 九 jiǔ 주 아홉, 9
- 月 yuè 명 달, 월
- 八 bā 주 여덟, 8
- 日 rì 명 날짜, 일
- 号 hào 명 날짜, 일
- 星期六 xīngqīliù 명 토요일
- 星期日 xīngqīrì 명 일요일

말하기 훈련 1 Track 03-08

今天星期一，明天星期二。
Jīntiān xīngqīyī, míngtiān xīngqī'èr.

말하기 훈련 2 Track 03-09

今天九月八号，星期六。
Jīntiān jiǔyuè bā hào, xīngqīliù.

明天九月九号，星期日。
Míngtiān jiǔyuè jiǔ hào, xīngqīrì.

 말하기 연습

1. 잘 듣고 따라 읽어 보세요. Track 03-10

yī 一 1	èr 二 2	sān 三 3	sì 四 4	wǔ 五 5
liù 六 6	qī 七 7	bā 八 8	jiǔ 九 9	shí 十 10
shíyī 十一 11	shí'èr 十二 12	······ èrshí 二十 20	èrshíyī 二十一 21

(1) yīyuè   èryuè   sānyuè   sìyuè   wǔyuè   liùyuè
    qīyuè   bāyuè   jiǔyuè   shíyuè   shíyīyuè shí'èryuè

(2) xīngqīyī   xīngqī'èr   xīngqīsān   xīngqīsì   xīngqīwǔ
    xīngqīliù   xīngqītiān

2. 한 문장씩 큰소리로 말해 보세요.

(1) 二月十号，星期四。
Èryuè shí hào, xīngqīsì.

(2) 六月九号，星期六。
Liùyuè jiǔ hào, xīngqīliù.

(3) 八月三十号，星期一。
Bāyuè sānshí hào, xīngqīyī.

(4) 三月七号，星期天。
Sānyuè qī hào, xīngqītiān.

(5) 一月十一号，星期六。
Yīyuè shíyī hào, xīngqīliù.

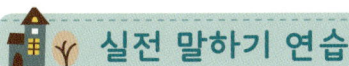 실전 말하기 연습

1. 옆사람과 함께 달력을 이용하여 날짜와 요일 말하는 연습을 해 보세요.

(1) 한 사람이 먼저 달력의 날짜를 선택하고 '오늘은 ~월 ~일 ~요일입니다.'를 중국어로 말하면, 다른 한 사람은 '내일은 ~월 ~일 ~요일입니다.'라고 중국어로 말해 보세요.

(2) 한 사람이 중국어로 날짜를 말하면, 다른 한 사람은 달력에서 해당 날짜를 찾아 보세요.

04 Wǒ shì Zhōngguórén.
我是中国人。
저는 중국인이에요.

 발음 연습

1. 제3성의 성조 변화 Track 04-01

(1) nǐ kàn 你看　　(2) nǐ tīng 你听　　(3) nǐ lái 你来　　(4) nǐmen 你们

2. 儿화 Track 04-02

(1) wán 玩　　　　　　(2) zhè 这
　　ér 儿 ┐ wánr 玩儿　　　ér 儿 ┐ zhèr 这儿

3. 음절 읽기 연습 Track 04-03

(1) tì	xū	zūn	zhěng
(2) ruǎn	tuǐ	jiāo	lè
(3) céng	guì	cái	suǒ
(4) tú	míng	sù	cì
(5) fú	lián	liǎo	suí
(6) jí	lěng	kū	kuān
(7) sēn	huí	fēi	tài
(8) děng	niǎo	yào	zuì

4. 4성 읽기 연습 Track 04-04

wō		wǒ	wò	
shī	shí	shǐ	shì	Wǒmen shì péngyou.
pēng	péng	pěng	pèng	
yōu	yóu	yǒu	yòu	
tā		tǎ	tà	Tā shì wǒ péngyou.
	hén	hěn	hèn	
gāo		gǎo	gào	hěn gāoxìng
xīng	xíng	xǐng	xìng	
	rén	rěn	rèn	Rènshi nǐ hěn gāoxìng.
shī	shí	shǐ	shì	
yē	yé	yě	yè	Wǒ yě hěn gāoxìng.

5. 제3성 성조 변화 연습 Track 04-05

(1) lǎoshī   Běijīng   shǒujī   hǎochī

(2) xiǎoxué   nǚrén   xiǎoshí   lǚyóu

(3) mǐfàn   kǎoshì   pǎobù   zhǔnbèi

(4) zǎoshang   wǒmen   jiějie   xǐhuan

6. 儿화 읽기 연습 Track 04-06

(1) zhèr   nàr   nǎr

(2) wánr   yíhuìr

7. 발음 구별 연습 Track 04-07

(1) céng — cén   liǎ — liǎn

(2) pōu — pāo   dīng — tīng

(3) zǒu — zuǒ   yǎo — jiǎo

(4) tiē — tè   xióng — nóng

(5) tiān — tiǎn   xī — xì

(6) jí — jī   jìng — jīng

(7) rè — rě   qián — qiān

(8) mó — mō   áng — àng

(9) liáo — lǎo   zhǎn — zhèn

(10) pán — bēn   chǒu — shòu

(11) gěi — gēn   mǎi — bài

(12) sēn — chūn   shéi — shuì

8. 단어 읽기 연습 Track 04-08

(1) zì   ài   xiǎng   huì

(2) néng   dà   xiǎo   suì

(3) xuéxiào   píngguǒ   fēijī   diànshì

(4) tiānqì   diànnǎo   míngzi   bēizi

(5) zhēn piàoliang   zěnmeyàng   tài lěng le   wǒmen zhèr

말하기 훈련

1

새 단어 Track 04-09

- 我 wǒ 대 나, 저
- 是 shì 동 ~이다
- 人 rén 명 사람
- 姓 xìng 동 성이 ~이다
- 叫 jiào 동 (이름을) ~라고 부르다, (이름이) ~이다
- 中国 Zhōngguó 고유 중국[국가명]

말하기 훈련 1 Track 04-10

李雪
Lǐ Xuě

我是中国人，我姓李，我叫李雪。
Wǒ shì Zhōngguórén, wǒ xìng Lǐ, wǒ jiào Lǐ Xuě.

■ 본문 내용을 바탕으로 빈칸에 알맞은 한어병음을 써 보세요.

(1) Lǐ Xuě _____ Zhōngguórén.

(2) Lǐ Xuě _____ Lǐ.

2

새 단어 Track 04-11

- 他 tā 대 그, 그 사람
- 我们 wǒmen 대 우리
- 朋友 péngyou 명 친구
- 英国 Yīngguó 고유 영국[국가명]

말하기 훈련 2 Track 04-12

友美
Yǒuměi

他是英国人，
Tā shì Yīngguórén,

他叫马丁，我们是朋友。
tā jiào Mǎdīng, wǒmen shì péngyou.

■ 본문 내용을 바탕으로 빈칸에 알맞은 한어병음을 써 보세요.

(1) Tā _____ Mǎdīng.

(2) Mǎdīng shì _____ rén.

(3) Yǒuměi hé Mǎdīng shì _____ .

3

새 단어 Track 04-13

- 认识 rènshi 통 알다
- 很 hěn 부 매우, 아주
- 高兴 gāoxìng 형 기쁘다, 즐겁다
- 也 yě 부 ~도, 또한
- 韩国 Hánguó 고유 한국[국가명]

말하기 훈련 3 Track 04-14

朴大中 (Piáo Dàzhōng): 我姓朴，我叫朴大中，我是韩国人。
Wǒ xìng Piáo, wǒ jiào Piáo Dàzhōng, wǒ shì Hánguórén.

李雪 (Lǐ Xuě): 我是中国人，我叫李雪。
Wǒ shì Zhōngguórén, wǒ jiào Lǐ Xuě.

认识你很高兴。
Rènshi nǐ hěn gāoxìng.

朴大中 (Piáo Dàzhōng): 我也很高兴。
Wǒ yě hěn gāoxìng.

■ 본문 내용을 바탕으로 빈칸에 알맞은 한어병음을 써 보세요.

(1) Piáo Dàzhōng shì Hánguó_____ .

(2) Lǐ Xuě shì _____ rén.

(3) Lǐ Xuě _____ Piáo Dàzhōng hěn gāoxìng.

(4) Piáo Dàzhōng rènshi Lǐ Xuě _____ hěn gāoxìng.

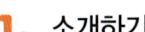

필수 표현

1. 소개하기

(1) 我姓……。 저는 성이 ~입니다.
Wǒ xìng …….

(2) 我叫……。 저는 ~라고 합니다.
Wǒ jiào …….

(3) 他是中国人。 그는 중국인입니다.
Tā shì Zhōngguórén.

(4) 我们是朋友。 우리는 친구입니다.
Wǒmen shì péngyou.

2. 초면 인사하기

(1) 认识你很高兴。 만나서 반갑습니다.
Rènshi nǐ hěn gāoxìng.

(2) 我也很高兴。 저도 매우 기쁩니다.
Wǒ yě hěn gāoxìng.

말하기 연습

1. 잘 듣고 따라 읽어 보세요. Track 04-15

| tóngxué 同学 학우, 동창 | Měiguó 美国 미국 | Jiānádà 加拿大 캐나다 |
| Rìběn 日本 일본 | Bāxī 巴西 브라질 | Yìdàlì 意大利 이탈리아 |

2. 한 문장씩 큰소리로 말해 보세요.

(1) 我是加拿大人。
Wǒ shì Jiānádàrén.

(2) 他是意大利人。
Tā shì Yìdàlìrén.

(3) 我是日本人，他也是日本人。
Wǒ shì Rìběnrén, tā yě shì Rìběnrén.

(4) 他是我朋友。
Tā shì wǒ péngyou.

(5) 我们是朋友，也是同学。
Wǒmen shì péngyou, yě shì tóngxué.

(6) 认识你很高兴。
Rènshi nǐ hěn gāoxìng.

(7) 很高兴认识你。
Hěn gāoxìng rènshi nǐ.

3. 주어진 단어를 활용하여 교체 연습을 해 보세요.

(1) A 我是中国人，我叫李雪。
Wǒ shì Zhōngguórén, wǒ jiào Lǐ Xuě.

B 我是韩国人，我叫朴大中。
Wǒ shì Hánguórén, wǒ jiào Piáo Dàzhōng.

A 认识你很高兴。
Rènshi nǐ hěn gāoxìng.

B 我也很高兴。
Wǒ yě hěn gāoxìng.

英国	日本	美国
Yīngguó	Rìběn	Měiguó
马丁	友美	美丽
Mǎdīng	Yǒuměi	Měilì

(2) A 我是中国人。
Wǒ shì Zhōngguórén.

B 我是英国人。
　Wǒ shì Yīngguórén.

A 很高兴认识你。
　Hěn gāoxìng rènshi nǐ.

B 我也很高兴。
　Wǒ yě hěn gāoxìng.

韩国	加拿大	巴西
Hánguó	Jiānádà	Bāxī
意大利	中国	美国
Yìdàlì	Zhōngguó	Měiguó

실전 말하기 연습

1. 주어진 표현을 활용하여 간단히 자기소개를 해 보세요.

我姓……。	我叫……。
Wǒ xìng …….	Wǒ jiào …….
我是……人，我叫……。	认识你很高兴。
Wǒ shì …… rén, wǒ jiào …….	Rènshi nǐ hěn gāoxìng.

05 Wǒ xuéxí Hànyǔ.

我学习汉语。

저는 중국어를 공부해요.

발음 연습

1. 제3성의 성조 변화 Track 05-01

(1) 我很好。 Wǒ hěn hǎo. → Wó hén hǎo.

2. 제3성의 성조 변화 연습 Track 05-02

(1) yě hěn hǎo   nǐ děng wǒ

(2) wǒ yě zǒu   mǎi wǎngkǎ

(3) yǒudiǎnr yuǎn   yǒu xiǎoyǔ

(4) wǒ yǒu shuǐ   nǐ yě hěn zǎo

3. 발음 구별 연습 Track 05-03

(1) míngzi — mínzú   diànchí — diànqì

(2) fēnxī — fēnqī   gōngrén — gōngrèn

(3) hǎoxīn — hǎoxiē   jí zǎo — qǐ zǎo

(4) jīngyàn — jīngxiǎn   lùfèi — lǚfèi

4. 단어 읽기 연습　Track 05-04

(1) kàn diànyǐng　　　　qù xuéxiào

(2) shàng shāngdiàn　　lái Běijīng

(3) zài qiánmian　　　　zài hòumian

(4) zhǎo lǎoshī　　　　hǎo péngyou

(5) mǎi yīfu　　　　　　chī shuǐguǒ

(6) xué Hànyǔ　　　　　xiě Hànzì

말하기 훈련

새 단어　Track 05-05

- 什么 shénme 때 무엇, 무슨, 어느, 어떤
- 名字 míngzi 명 이름, 성명
- 哪 nǎ 때 어느, 어디
- 国 guó 명 나라

말하기 훈련 1　Track 05-06

(友美가 马丁을 처음 만났습니다.)

友美　　你叫什么名字?
Yǒuměi　Nǐ jiào shénme míngzi?

马丁　　我叫马丁。
Mǎdīng　Wǒ jiào Mǎdīng.

友美　　你是哪国人?
Yǒuměi　Nǐ shì nǎ guó rén?

马丁　　我是英国人。
Mǎdīng　Wǒ shì Yīngguórén.

■ 본문 내용을 바탕으로 빈칸에 알맞은 한어병음을 써 보세요.

(1) Yǒuměi Mǎdīng, _____ shì nǎ guó rén?

(2) Mǎdīng _____ shì Yīngguórén.

새 단어 Track 05-07

- 谁 shéi / shuí 대 누구
- 吗 ma 조 [문장 끝에 쓰여 의문을 나타냄]
- 不 bù 부 ~않다[동사·형용사·부사 앞에 쓰여 부정을 표시함]
- 德国 Déguó 고유 독일[국가명]

말하기 훈련 2 Track 05-08

(마丁의 선생님에 대해 이야기하고 있습니다.)

友美 / Yǒuměi 他是谁?
Tā shì shéi?

马丁 / Mǎdīng 他是我们老师。
Tā shì wǒmen lǎoshī.

友美 / Yǒuměi 他也是英国人吗?
Tā yě shì Yīngguórén ma?

马丁 / Mǎdīng 他不是英国人，
Tā bú shì Yīngguórén,

他是德国人。
tā shì Déguórén.

■ 본문 내용을 바탕으로 빈칸에 알맞은 한어병음을 써 보세요.

(1) Yǒuměi Nǐmen lǎoshī yě shì Yīngguórén _____?

(2) Mǎdīng _____ Yīngguórén.

③ 새 단어 Track 05-09

- 呢 ne 조 [문장 끝에 쓰여 의문을 나타냄]
- 学习 xuéxí 동 배우다, 공부하다
- 汉语 Hànyǔ 고유 중국어
- 经济 jīngjì 명 경제
- 她 tā 대 그녀, 그 사람

말하기 훈련 3 Track 05-10

(汉娜는 李雪가 탁구하는 것을 보고 있고, 이때 马丁이 汉娜에게 다가옵니다.)

马丁 你好，我叫马丁，我是英国人。你呢?
Mǎdīng Nǐ hǎo, wǒ jiào Mǎdīng, wǒ shì Yīngguórén. Nǐ ne?

汉娜 我叫汉娜，我也是英国人。
Hànnà Wǒ jiào Hànnà, wǒ yě shì Yīngguórén.
我学习汉语，你呢?
Wǒ xuéxí Hànyǔ, nǐ ne?

马丁 我学习经济，也学习汉语。
Mǎdīng Wǒ xuéxí jīngjì, yě xuéxí Hànyǔ.
她是谁?
Tā shì shéi?

汉娜 她是李雪，是我朋友。
Hànnà Tā shì Lǐ Xuě, shì wǒ péngyou.

马丁 她是日本人吗?
Mǎdīng Tā shì Rìběnrén ma?

汉娜 她不是日本人，
Hànnà Tā bú shì Rìběnrén,
她是中国人。
tā shì Zhōngguórén.

■ 본문 내용을 바탕으로 빈칸에 알맞은 한어병음을 써 보세요.

(1) Mǎdīng　Wǒ jiào Mǎdīng, shì Yīngguórén. _____?

(2) Hànnà　Wǒ _____ shì Yīngguórén, wǒ _____ Hànnà.

　　　　　Wǒ _____ Hànyǔ, nǐ ne?

(3) Mǎdīng　Wǒ _____ xuéxí Hànyǔ. Tā shì _____?

(4) Hànnà　Tā shì wǒ péngyou, _____ Lǐ Xuě.

(5) Mǎdīng　Tā shì _____ rén?

(6) Hànnà　_____ shì Zhōngguórén.

필수 표현

1. 질문하기

　(1) 你叫什么名字? 당신은 이름이 뭐예요?
　　　Nǐ jiào shénme míngzi?

　(2) 你是哪国人? 당신은 어느 나라 사람인가요?
　　　Nǐ shì nǎ guó rén?

　(3) 他是谁? 그는 누구인가요?
　　　Tā shì shéi?

　(4) 他也是……人吗? 그도 ~ 사람인가요?
　　　Tā yě shì …… rén ma?

44

말하기 연습

1. 잘 듣고 따라 읽어 보세요. Track 05-11

> Fǎguó 法国 프랑스　　xuésheng 学生 학생
> yīshēng 医生 의사　　fǎlǜ 法律 법률
> zhōngyī 中医 중국 의학, 한의사

2. 한 문장씩 큰소리로 말해 보세요.

(1) 我叫汉娜，我是英国人，我是学生。
　　Wǒ jiào Hànnà, wǒ shì Yīngguórén, wǒ shì xuésheng.

(2) 我们老师姓李，他不是中国人。
　　Wǒmen lǎoshī xìng Lǐ, tā bú shì Zhōngguórén.

(3) 你朋友也是学生吗?
　　Nǐ péngyou yě shì xuésheng ma?

(4) 我朋友不是学生，他是医生。
　　Wǒ péngyou bú shì xuésheng, tā shì yīshēng.

(5) 你学习什么?
　　Nǐ xuéxí shénme?

(6) 我学习中医。
　　Wǒ xuéxí zhōngyī.

(7) 我叫马丁，我是英国人，我不学习中医，我学习经济，
　　Wǒ jiào Mǎdīng, wǒ shì Yīngguórén, wǒ bù xuéxí zhōngyī, wǒ xuéxí jīngjì,

　　也学习汉语。他是我朋友。
　　yě xuéxí Hànyǔ. Tā shì wǒ péngyou.

3. 주어진 단어를 활용하여 교체 연습을 해 보세요.

(1) A 你是哪国人?
　　　Nǐ shì nǎ guó rén?

　　B 我是德国人。
　　　Wǒ shì Déguórén.

　　A 他是谁?
　　　Tā shì shéi?

　　B 他是我们同学。
　　　Tā shì wǒmen tóngxué.

法国 Fǎguó	美国 Měiguó
我们老师 wǒmen lǎoshī	我朋友 wǒ péngyou

(2) A 他是谁?
　　　Tā shì shéi?

　　B 他是我朋友。
　　　Tā shì wǒ péngyou.

　　A 他也是德国人吗?
　　　Tā yě shì Déguórén ma?

　　B 他不是德国人，他是法国人。
　　　Tā bú shì Déguórén, tā shì Fǎguórén.

日本人 Rìběnrén	学生 xuésheng
韩国人 Hánguórén	老师 lǎoshī

(3) A 你学习什么?
　　　Nǐ xuéxí shénme?

46

B 我学习汉语。
　Wǒ xuéxí Hànyǔ.

A 他呢?
　Tā ne?

B 他也学习汉语。
　Tā yě xuéxí Hànyǔ.

| 经济 | 法律 | 中医 |
| jīngjì | fǎlǜ | zhōngyī |

실전 말하기 연습

1. 주어진 표현을 활용하여 간단히 가족 소개를 해 보세요.

我是……	我学习……
Wǒ shì ……	Wǒ xuéxí ……
我妈妈是……	我爸爸是……
Wǒ māma shì ……	Wǒ bàba shì ……

06 Nǐmen bān yǒu duōshao rén?
你们班有多少人?
당신네 반은 몇 명인가요?

말하기 훈련

새 단어 Track 06-01

- 这 zhè 대 이, 이것
- 家 jiā 명 집, 가정
- 和 hé 접 ~와, ~과
- 哥哥 gēge 명 형, 오빠
- 没 méi 동 없다, 있지 않다
- 没有 méiyǒu 동 없다, 있지 않다
- 有 yǒu 동 ~이 있다
- 姐姐 jiějie 명 누나, 언니
- 妹妹 mèimei 명 여동생
- 口 kǒu 양 식구[사람을 셀 때 쓰임]
- 对 duì 형 옳다, 맞다

말하기 훈련 1 Track 06-02

(友美가 吉米에게 그녀의 가족을 소개하고 있습니다.)

友美 这是我家。
Yǒuměi Zhè shì wǒ jiā.

这是我爸爸、妈妈和哥哥。
Zhè shì wǒ bàba、māma hé gēge.

吉米 我没有哥哥,
Jímǐ Wǒ méiyǒu gēge,

我有姐姐和妹妹。
wǒ yǒu jiějie hé mèimei.

友美 你家有五口人?
Yǒuměi Nǐ jiā yǒu wǔ kǒu rén?

48

吉米 Jímǐ	对。我妹妹也是学生，她也学习汉语。 Duì. Wǒ mèimei yě shì xuésheng, tā yě xuéxí Hànyǔ.	
友美 Yǒuměi	你姐姐呢? Nǐ jiějie ne?	
吉米 Jímǐ	我姐姐是医生。 Wǒ jiějie shì yīshēng.	

■ 본문 내용을 바탕으로 빈칸에 알맞은 한어병음을 써 보세요.

(1) Yǒuměi jiā yǒu _____.

(2) Jímǐ _____ gēge, tā _____ jiějie _____ mèimei.

(3) Jímǐ jiā yǒu _____.

(4) Jímǐ de jiějie shì _____.

새 단어 Track 06-03

- 班 bān 명 반
- 个 gè 양 개, 명[사람이나 물건을 셀 때 쓰임]
- 多少 duōshao 대 얼마, 몇
- 女生 nǚshēng 명 여학생
- 男生 nánshēng 명 남학생
- 几 jǐ 대 몇[10 이하의 확실치 않은 수를 물을 때 사용함]
- 还 hái 부 또, 더
- 俄罗斯 Éluósī 고유 러시아[국가명]

말하기 훈련 2 Track 06-04

(吉米와 汉娜가 그들의 반에 대해서 이야기하고 있습니다.)

吉米 Jímǐ	我叫吉米，我是俄罗斯人。这是我们班。 Wǒ jiào Jímǐ, wǒ shì Éluósīrén. Zhè shì wǒmen bān. 我们班有15个人，你们班有多少人? Wǒmen bān yǒu shíwǔ ge rén, nǐmen bān yǒu duōshao rén?

汉娜 Hànnà	我们班也有15个人。 Wǒmen bān yě yǒu shíwǔ ge rén.	
	8个女生，7个男生。 Bā ge nǚshēng, qī ge nánshēng.	
	你们班有几个女生？ Nǐmen bān yǒu jǐ ge nǚshēng?	
吉米 Jímǐ	我们班有6个女生， Wǒmen bān yǒu liù ge nǚshēng,	
	还有9个男生。 hái yǒu jiǔ ge nánshēng.	

- 본문 내용을 바탕으로 빈칸에 알맞은 한어병음을 써 보세요.

(1) Jímǐ shì _____.

(2) Jímǐ   Wǒmen _____ yǒu shíwǔ _____ rén.

(3) Jímǐ   Wǒmen bān _____ nǚshēng, jiǔ ge _____.

(4) Hànnà _____ yǒu bā ge nǚshēng, _____ qī ge nánshēng.

필수 표현

1. 질문하기

(1) 你们班有多少人？ 당신네 반에는 몇 명이 있나요?
Nǐmen bān yǒu duōshao rén?

(2) 你们班有几个女生？ 당신네 반에는 몇 명의 여학생이 있나요?
Nǐmen bān yǒu jǐ ge nǚshēng?

2. 소개하기

(1) 这是我爸爸、妈妈。 이 분은 저의 아버지, 어머니예요.
　　Zhè shì wǒ bàba、māma.

(2) 我没有哥哥，我有姐姐和妹妹。 저는 형이 없고, 누나와 여동생이 있어요.
　　Wǒ méiyǒu gēge, wǒ yǒu jiějie hé mèimei.

(3) 我姐姐是医生。 저의 누나는 의사예요.
　　Wǒ jiějie shì yīshēng.

말하기 연습

1. 비슷한 발음의 한어병음을 따라 말해 보세요. Track 06-05

(1) nǎiniú — nǎiyóu　　qíshí — jíshí

(2) wánjù — wàngjì　　xiāngguān — xiānggān

(3) dàxué — dà xié　　zuótiān — zūnyán

(4) huār — huàr　　dǐzhì — tǐzhì

2. 잘 듣고 따라 말해 보세요. Track 06-06

| dàxué 大学 대학교 | zhōngxué 中学 중·고등학교 |
| liǎng 两 2, 둘 | dìdi 弟弟 남동생 |

(1) ài xuéxí　　néng kāichē

(2) tiān tài lěng　　tiān tài rè

(3) wǒ hé tā   tā hé nǐ

(4) dōu lái le   dōu méi lái

(5) néng qù ma   zuò fēijī

(6) diànnǎo zhuō   nǚ tóngxué

3. 한 표현씩 큰소리로 말해 보세요.

(1) 爸爸和妈妈
bàba hé māma

(2) 韩国和日本
Hánguó hé Rìběn

(3) 星期六和星期日
xīngqīliù hé xīngqīrì

(4) 有中国朋友
yǒu Zhōngguó péngyou

(5) 有哥哥，没有妹妹
yǒu gēge, méiyǒu mèimei

(6) 多少人
duōshao rén

(7) 多少个班
duōshao ge bān

(8) 多少个女生
duōshao ge nǚshēng

(9) 多少个同学
duōshao ge tóngxué

4. 주어진 단어를 활용하여 교체 연습을 해 보세요.

(1) A 这是谁?
Zhè shì shéi?

B 这是我爸爸, 他是大学老师。
Zhè shì wǒ bàba, tā shì dàxué lǎoshī.

| 他哥哥 | 我弟弟 | 我朋友 |
| tā gēge | wǒ dìdi | wǒ péngyou |

| 中学老师 | 学生 | 医生 |
| zhōngxué lǎoshī | xuésheng | yīshēng |

(2) 我有一个哥哥, 我没有姐姐。
Wǒ yǒu yí ge gēge, wǒ méiyǒu jiějie.

| 两 | 一 | 三 |
| liǎng | yī | sān |

| 姐姐 | 妹妹 | 韩国同学 |
| jiějie | mèimei | Hánguó tóngxué |

| 妹妹 | 弟弟 | 美国同学 |
| mèimei | dìdi | Měiguó tóngxué |

(3) A 你们班有多少人?
Nǐmen bān yǒu duōshao rén?

B 我们班有17个人。
Wǒmen bān yǒu shíqī ge rén.

| 他们班 | 我们班 |
| tāmen bān | wǒmen bān |

| 他们班 | 我们班 |
| tāmen bān | wǒmen bān |

| 21 | 19 |
| èrshíyī | shíjiǔ |

(4) A 你们班有几个女生?
　　　Nǐmen bān yǒu jǐ ge nǚshēng?

   B 我们班有八个女生。
　　　Wǒmen bān yǒu bā ge nǚshēng.

老师	男生
lǎoshī	nánshēng
三个老师	十个男生
sān ge lǎoshī	shí ge nánshēng

5. 주어진 해석에 맞게 문장을 써 보세요.

(1) A _____? 당신네 반에는 남학생이 몇 명 있나요?
　　　Nǐmen bān yǒu jǐ ge nánshēng?

   B 我们班有四个男生。
　　　Wǒmen bān yǒu sì ge nánshēng.

(2) A _____? 그들 반에는 몇 명이 있나요?
　　　Tāmen bān yǒu duōshao rén?

   B 他们班有21个人。
　　　Tāmen bān yǒu èrshíyī ge rén.

(3) A _____? 당신네 반에는 몇 분의 선생님이 계신가요?
　　　Nǐmen bān yǒu duōshao ge lǎoshī?

   B 我们有四个老师。
　　　Wǒmen yǒu sì ge lǎoshī.

(4) A 你家有几口人?
　　　Nǐ jiā yǒu jǐ kǒu rén?

   B _____。 저희 집은 세 식구예요.
　　　Wǒ jiā yǒu sān kǒu rén.

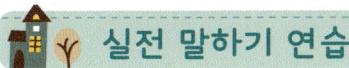 실전 말하기 연습

1. 주어진 표현을 활용하여 반 친구들을 소개해 보세요.

我叫……
wǒ jiào ……

我是……(国)人
wǒ shì …… (guó) rén

这是……
zhè shì ……

他是……
tā shì ……

他有……
tā yǒu ……

我没有……
wǒ méiyǒu ……

我们班……
wǒmen bān ……

男生
nánshēng

女生
nǚshēng

07 Yígòng duōshao qián?
一共多少钱?
모두 얼마예요?

말하기 훈련

새 단어 Track 07-01

- 要 yào 조동 ~하려고 하다, 원하다, 필요하다
- 瓶 píng 양 [병에 든 물건을 셀 때 쓰임]
- 水 shuǐ 명 물
- 块 kuài 양 위안[중국 화폐 단위]
- 元 yuán 명 위안[중국 화폐 단위]
- 面包 miànbāo 명 빵
- 钱 qián 명 돈
- 再 zài 부 다시, 또
- 别的 bié de 대 다른, 다른 것
- 了 le 조 [문장 말미에 쓰여서 변화나 새로운 상황이 일어나는 것을 표시함]
- 一共 yígòng 부 전부, 모두, 합쳐서

말하기 훈련 1 Track 07-02

(汉娜가 식품 가게에서 먹을 것들을 사고 있습니다.)

汉娜　　你好，我要一瓶水。
Hànnà　　Nǐ hǎo, wǒ yào yì píng shuǐ.

售货员　　一块五。
Shòuhuòyuán　　Yí kuài wǔ.

汉娜　　面包多少钱一个?
Hànnà　　Miànbāo duōshao qián yí ge?

售货员　　三块。
Shòuhuòyuán　　Sān kuài.

汉娜　　我再要一个面包。
Hànnà　　Wǒ zài yào yí ge miànbāo.

56

售货员 Shòuhuòyuán	还要别的吗? Hái yào biéde ma?
汉娜 Hànnà	不要了。 Bú yào le.
售货员 Shòuhuòyuán	一共四块五。 Yígòng sì kuài wǔ.
汉娜 Hànnà	一共多少钱? 十块五? Yígòng duōshao qián? Shí kuài wǔ?
售货员 Shòuhuòyuán	不是十块五，是四块五。 Bú shì shí kuài wǔ, shì sì kuài wǔ.
汉娜 Hànnà	对不起。 Duìbuqǐ.

■ 본문 내용을 바탕으로 빈칸에 알맞은 한어병음을 써 보세요.

(1) Yì píng shuǐ _____.

(2) Yí ge miànbāo _____.

(3) Hànnà yào _____、_____.

(4) Yígòng _____.

새 단어 Track 07-03

- 想 xiǎng 조동 ~하고 싶다, ~라고 생각하다
- 买 mǎi 동 사다
- 葡萄 pútao 명 포도
- 斤 jīn 양 1근, 500g[무게의 단위]
- 梨 lí 명 배
- 怎么 zěnme 대 어떻게, 왜
- 卖 mài 동 팔다
- 种 zhǒng 양 종류
- 太……了 tài……le 너무 ~하다
- 贵 guì 형 (값이) 비싸다
- 那 nà / nèi 대 그것, 저것
- 便宜 piányi 형 싸다
- 好吃 hǎochī 형 맛있다

말하기 훈련 2 Track 07-04

(吉米가 과일 가게에서 과일을 사고 있습니다.)

小贩 Xiǎofàn	您要什么? Nín yào shénme?
吉米 Jímǐ	我想买葡萄。一斤多少钱? Wǒ xiǎng mǎi pútao. Yì jīn duōshao qián?
小贩 Xiǎofàn	四块。 Sì kuài.
吉米 Jímǐ	我要两斤。 Wǒ yào liǎng jīn.
小贩 Xiǎofàn	还要别的吗? Hái yào biéde ma?
吉米 Jímǐ	梨怎么卖? Lí zěnme mài?
小贩 Xiǎofàn	这种一斤六块。 Zhè zhǒng yì jīn liù kuài.
吉米 Jímǐ	太贵了。 Tài guì le.
小贩 Xiǎofàn	那种便宜,两块五一斤。 Nà zhǒng piányi, liǎng kuài wǔ yì jīn.
吉米 Jímǐ	好吃吗? Hǎochī ma?
小贩 Xiǎofàn	好吃。 Hǎochī.
吉米 Jímǐ	我要三个。 Wǒ yào sān ge.
小贩 Xiǎofàn	还要别的吗? Hái yào biéde ma?

吉米	不要了。
Jímǐ	Bú yào le.

■ 본문 내용을 바탕으로 빈칸에 알맞은 한어병음을 써 보세요.

(1) _____ sì kuài yì jīn.

(2) _____ liù kuài yì jīn, tài _____ le.

(3) Nà zhǒng lí _____, _____.

(4) Jímǐ xiǎng mǎi _____, hái yào _____.

필수 표현

1. 요구하기

(1) 你要什么? 무엇이 필요하세요?
Nǐ yào shénme?

(2) 我要一瓶水。 저는 물 한 병을 사려고요.
Wǒ yào yì píng shuǐ.

(3) 我想买葡萄。 저는 포도를 살 생각이에요.
Wǒ xiǎng mǎi pútao.

(4) 还要别的吗? 또 다른 것은 필요 없나요?
Hái yào biéde ma?

(5) 不要了。 필요 없어요.
Bú yào le.

2. 가격 묻기

(1) 面包多少钱一个? 빵 한 개에 얼마예요?
Miànbāo duōshao qián yí ge?

(2) 葡萄多少钱一斤? 포도 한 근에 얼마예요?
Pútao duōshao qián yì jīn?

(3) 梨怎么卖? 배는 어떻게 팔아요?
Lí zěnme mài?

(4) 一共多少钱? 모두 얼마예요?
Yígòng duōshao qián?

3. 금액 읽기

(1) 一块 1.00
yí kuài

(2) 两块五 2.50
liǎng kuài wǔ

(3) 六毛九 0.69
liù máo jiǔ

(4) 三块四毛八 3.48
sān kuài sì máo bā

(5) 十七块零五(分) 17.05
shíqī kuài líng wǔ (fēn)

말하기 연습

1. 비슷한 발음의 한어병음과 성조를 따라 읽어 보세요. Track 07-05

(1) dùzi — tùzi   dú shū — túshū

(2) fángjiān — fàn qián   Hànzì — hézī

(3) hùzhào — húnào   huánzhài — hànzāi

(4) huǎnhé — huǎnghuà   júhóng — júhuáng

2. 잘 듣고 따라 말해 보세요. Track 07-06

> máo 毛 1위안(元)의 10분의 1
> běn 本 권[책 셀 때 쓰는 양사]
> zhī 支 자루[막대 모양의 물건을 셀 때 쓰는 양사]
> běnzi 本子 공책, 노트
>
> fēn 分 1위안(元)의 100분의 1
> shū 书 책
> bǐ 笔 펜, 필기도구
> píngguǒ 苹果 사과

(1) tā yǒu shū　　wǒ méiyǒu　　(2) hē kāfēi　　chī zǎofàn

(3) bù shuōhuà　　méi kànjiàn　　(4) huí jiā le　　tā jiào nǐ

(5) tīng wǒ shuō　　zhǎo gōngzuò　　(6) xià dàyǔ　　néng qù ma

3. 한 문장씩 큰소리로 말해 보세요.

(1) 我要三个面包。
Wǒ yào sān ge miànbāo.

(2) 不要了。
Bú yào le.

(3) 一瓶水一块五。
Yì píng shuǐ yí kuài wǔ.

(4) 还要别的吗?
Hái yào biéde ma?

(5) 不要别的了。
Bú yào biéde le.

(6) 一共多少钱?
Yígòng duōshao qián?

(7) 一共二十六块。
Yígòng èrshíliù kuài.

4. 주어진 단어를 활용하여 교체 연습을 해 보세요.

(1) 我要面包，多少钱一个?
Wǒ yào miànbāo, duōshao qián yí ge?

本子	苹果	笔
běnzi	píngguǒ	bǐ

个	斤	支
gè	jīn	zhī

(2) A 面包怎么卖?
Miànbāo zěnme mài?

B 一块五一个。
Yí kuài wǔ yí ge.

葡萄	本子	水
pútao	běnzi	shuǐ

6.00	4.70	2.05
liù kuài	sì kuài qī	liǎng kuài líng wǔ fēn

斤	个	瓶
jīn	gè	píng

(3) 太贵了。
Tài guì le.

好	好吃	高兴	便宜
hǎo	hǎochī	gāoxìng	piányi

5. 주어진 해석에 맞게 문장을 써 보세요.

(1) A _____? 무엇이 필요하세요?
Nǐ yào shénme?

B 我要一个面包和一瓶水。
Wǒ yào yí ge miànbāo hé yì píng shuǐ.

(2) A 你还要别的吗?
     Nǐ hái yào biéde ma?

   B _____。 필요 없어요.
     Bú yào le.

(3) A _____? 모두 얼마예요?
     Yígòng duōshao qián?

   B 一共二十九块八。
     Yígòng èrshíjiǔ kuài bā.

실전 말하기 연습

1. 그림을 보고 옆사람과 함께 중국어로 이야기해 보세요.

(1) 옆사람과 함께 식품의 가격을 묻고 답해 보세요.

(2) 10위안으로 식품을 사는 연습을 해 보세요.

08 Qǐngwèn, yínháng zài nǎr?

请问，银行在哪儿?

말씀 좀 여쭙겠습니다. 은행은 어디에 있나요?

말하기 훈련

1

새 단어 Track 08-01

- 请问 qǐngwèn 동 (실례지만) 말씀 좀 여쭙겠습니다, (실례지만) 말 좀 묻겠습니다
- 超市 chāoshì 명 슈퍼마켓
- 在 zài 동 (사람이나 사물이) ~에 있다
- 哪儿 nǎr 대 어디, 어느 곳
- 前边 qiánbian 명 앞, 앞쪽

- 远 yuǎn 형 멀다
- 看 kàn 동 보다
- 邮局 yóujú 명 우체국
- 就 jiù 부 곧, 마침
- 后边 hòubian 명 뒤, 뒤쪽

말하기 훈련 1 Track 08-02

(吉米가 지나가는 사람에게 길을 묻고 있습니다.)

吉米 Jímǐ	请问，超市在哪儿? Qǐngwèn, chāoshì zài nǎr?
路人 Lùrén	在前边。 Zài qiánbian.
吉米 Jímǐ	远吗? Yuǎn ma?
路人 Lùrén	不太远， Bú tài yuǎn,

你看，那是邮局，超市就在邮局后边。
nǐ kàn, nà shì yóujú, chāoshì jiù zài yóujú hòubian.

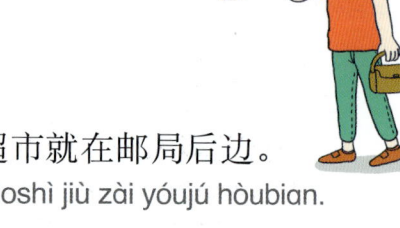

吉米	谢谢!
Jímǐ	Xièxie!
路人	不客气。
Lùrén	Bú kèqi.

■ 본문 내용을 바탕으로 빈칸에 알맞은 한어병음을 써 보세요.

(1) _____ zài qiánbian.

(2) Chāoshì zài _____ hòubian.

(3) Chāoshì bú tài _____.

새 단어 Track 08-03

- 地方 dìfang 명 장소, 곳
- 学校 xuéxiào 명 학교
- 里 lǐ 명 안, 속
- 里边 lǐbian 명 안, 안쪽
- 附近 fùjìn 명 부근, 근처
- 对面 duìmiàn 명 맞은편
- 旁边 pángbiān 명 옆, 옆쪽
- 中国银行 Zhōngguó Yínháng 고유 중국은행

말하기 훈련 2 Track 08-04

(대학 캠퍼스에서 友美가 지나가던 학생에게 중국은행 위치를 묻고 있습니다.)

友美	请问，中国银行在什么地方?
Yǒuměi	Qǐngwèn, Zhōngguó Yínháng zài shénme dìfang?
学生	学校里没有中国银行。
Xuésheng	Xuéxiào lǐ méiyǒu Zhōngguó Yínháng.
友美	附近有中国银行吗?
Yǒuměi	Fùjìn yǒu Zhōngguó Yínháng ma?
学生	学校对面有一个,
Xuésheng	Xuéxiào duìmiàn yǒu yí ge,

	就在超市旁边。
	jiù zài chāoshì pángbiān.
友美 Yǒuměi	谢谢你。 Xièxie nǐ.
学生 Xuésheng	不用谢。 Búyòng xiè.

■ 본문 내용을 바탕으로 빈칸에 알맞은 한어병음을 써 보세요.

(1) Qǐngwèn, Zhōngguó Yínháng zài _____?

(2) Fùjìn _____ Zhōngguó Yínháng ma?

(3) Chāoshì _____ yǒu yí ge Zhōngguó Yínháng.

(4) Xuéxiào _____ yǒu yí ge Zhōngguó Yínháng.

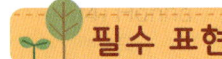

필수 표현

1. 길 묻기

(1) 请问，超市在哪儿? 말씀 좀 여쭙겠습니다. 슈퍼마켓은 어디에 있나요?
Qǐngwèn, chāoshì zài nǎr?

(2) 中国银行在什么地方? 중국은행은 어느 곳에 있나요?
Zhōngguó Yínháng zài shénme dìfang?

(3) 附近有中国银行吗? 근처에 중국은행이 있나요?
Fùjìn yǒu Zhōngguó Yínháng ma?

2. 길 알려주기

(1) 超市在前边。 슈퍼마켓은 앞쪽에 있어요.
Chāoshì zài qiánbian.

(2) 超市在邮局后边。 슈퍼마켓은 우체국 뒤쪽에 있어요.
Chāoshì zài yóujú hòubian.

(3) 学校里没有中国银行。 학교 안에는 중국은행이 없어요.
Xuéxiào lǐ méiyǒu Zhōngguó Yínháng.

(4) 学校对面有一个中国银行。 학교 맞은편에 중국은행이 하나 있어요.
Xuéxiào duìmiàn yǒu yí ge Zhōngguó Yínháng.

말하기 연습

1. 비슷한 발음의 한어병음과 성조를 따라 읽어 보세요. Track 08-05

(1) kuàichē — kāichē   nánguò — nánguài

(2) shàngwǎng — shāngwáng   yǎnjing — yǎnjìng

(3) bànlǐ — pānbǐ   běifāng — běnháng

(4) bìxū — bǐyù   dǎban — dàfang

2. 잘 듣고 따라 읽어 보세요. Track 08-06

dōngbian 东边 동쪽	xībian 西边 서쪽
nánbian 南边 남쪽	běibian 北边 북쪽
yīyuàn 医院 병원	chēzhàn 车站 정거장
dìtiězhàn 地铁站 지하철역	xǐshǒujiān 洗手间 화장실

(1) zài dōngbian　　　zài xībian

(2) zài nánbian　　　zài běibian

(3) qù chēzhàn　　　shàng yīyuàn

(4) zhǎo xǐshǒujiān　　qù dìtiězhàn

3. 한 문장씩 큰소리로 말해 보세요.

(1) 超市在邮局对面。
Chāoshì zài yóujú duìmiàn.

(2) 超市不在邮局对面。
Chāoshì bú zài yóujú duìmiàn.

(3) 超市在哪儿？
Chāoshì zài nǎr?

(4) 哪儿有银行？
Nǎr yǒu yínháng?

(5) 银行在什么地方？
Yínháng zài shénme dìfang?

(6) 学校里边有一个邮局。
Xuéxiào lǐbian yǒu yí ge yóujú.

(7) 学校里边没有医院。
Xuéxiào lǐbian méiyǒu yīyuàn.

4. 주어진 단어를 활용하여 교체 연습을 해 보세요.

(1) 请问，超市在哪儿？
Qǐngwèn, chāoshì zài nǎr?

银行	医院	地铁站
yínháng	yīyuàn	dìtiězhàn

(2) A 请问，银行在哪儿？
　　　Qǐngwèn, yínháng zài nǎr?

　　B 银行在邮局旁边。
　　　Yínháng zài yóujú pángbiān.

学校	超市	车站
xuéxiào	chāoshì	chēzhàn

东边	南边	西边
dōngbian	nánbian	xībian

(3) 附近有超市吗？
　　Fùjìn yǒu chāoshì ma?

学校前边	学校里边	你家附近
xuéxiào qiánbian	xuéxiào lǐbian	nǐ jiā fùjìn

车站	银行	学校
chēzhàn	yínháng	xuéxiào

(4) A 地铁站远吗？
　　　Dìtiězhàn yuǎn ma?

　　B 不远，就在学校前边。
　　　Bù yuǎn, jiù zài xuéxiào qiánbian.

银行	车站	学校
yínháng	chēzhàn	xuéxiào

学校里边	邮局对面	我家旁边
xuéxiào lǐbian	yóujú duìmiàn	wǒ jiā pángbiān

5. 주어진 해석에 맞게 문장을 써 보세요.

(1) A 请问, _____?
Qǐngwèn, yīyuàn zài shénme dìfang?
말씀 좀 여쭙겠습니다. 병원은 어느 곳에 있나요?

B 医院在前边，中国银行对面。
Yīyuàn zài qiánbian, Zhōngguó Yínháng duìmiàn.

(2) A 请问, _____?
Qǐngwèn, yínháng zài shénme dìfang?
말씀 좀 여쭙겠습니다. 은행은 어느 곳에 있나요?

B 学校里边没有银行。
Xuéxiào lǐbian méiyǒu yínháng.

(3) A _____? 슈퍼마켓은 먼가요?
Chāoshì yuǎn ma?

B 不远，就在前边。
Bù yuǎn, jiù zài qiánbian.

(4) A 请问，哪儿有银行?
Qǐngwèn, nǎr yǒu yínháng?

B _____。 정류장 뒤쪽에 있어요.
Zài chēzhàn hòubian.

A 远吗?
Yuǎn ma?

B _____。 그렇게 멀지 않아요.
Bú tài yuǎn.

 실전 말하기 연습

1. 그림을 보고 옆사람과 함께 중국어로 이야기해 보세요.

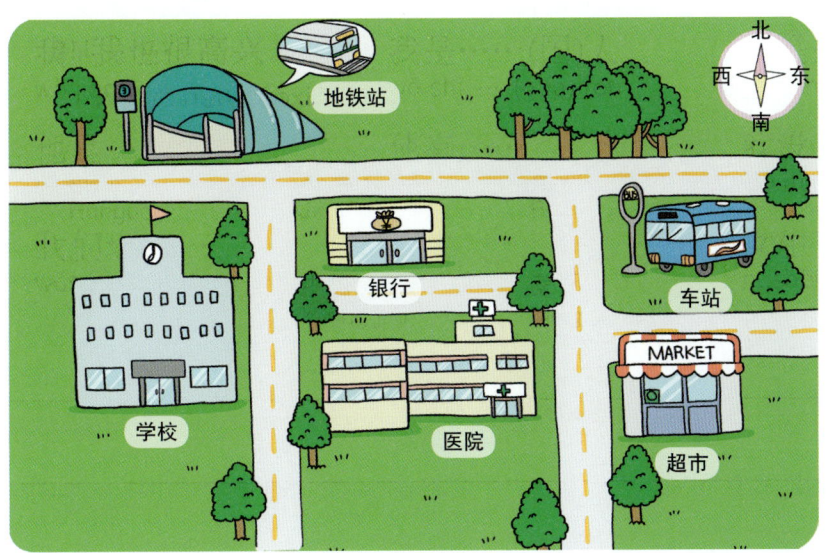

(1) 옆사람과 함께 어떤 장소가 어느 위치에 있는지를 묻고 답해 보세요.

09 Jīntiān jǐ yuè jǐ hào?
今天几月几号?
오늘은 몇 월 며칠인가요?

말하기 훈련

새 단어 Track 09-01

- 去 qù 동 가다
- 教室 jiàoshì 명 교실
- 课 kè 명 수업, 과목
- 的 de 조 ~의
- 电脑 diànnǎo 명 컴퓨터
- 哦 ò 감 아! 오![어떤 사실이나 상황을 깨달았음을 나타내는 감탄 표시]

말하기 훈련 1 Track 09-02

(朴大中이 아파트 앞에서 吉米를 만나 이야기하고 있습니다.)

朴大中　你去哪儿?
Piáo Dàzhōng　Nǐ qù nǎr?

吉米　我去教室。
Jímǐ　Wǒ qù jiàoshì.

朴大中　去教室?
Piáo Dàzhōng　Qù jiàoshì?

　　　今天星期六，没有课。
　　　Jīntiān xīngqīliù, méiyǒu kè.

吉米　星期六?
Jímǐ　Xīngqīliù?

　　　不对，今天星期五。
　　　Bú duì, jīntiān xīngqīwǔ.

朴大中 Piáo Dàzhōng	你看你的电脑，今天星期六。 Nǐ kàn nǐ de diànnǎo, jīntiān xīngqīliù.
吉米 Jímǐ	今天几月几号？ Jīntiān jǐ yuè jǐ hào?
朴大中 Piáo Dàzhōng	9月26号。 Jiǔyuè èrshíliù hào.
吉米 Jímǐ	哦，9月26号，星期六。没有课，太好了！ Ò, jiǔyuè èrshíliù hào, xīngqīliù. Méiyǒu kè, tài hǎo le!

■ 본문 내용을 바탕으로 빈칸에 알맞은 한어병음을 써 보세요.

(1) Jímǐ xiǎng qù _____.

(2) Jīntiān _____ yuè _____ hào, _____.

(3) Jīntiān xīngqīliù, méiyǒu _____, Jímǐ hěn gāoxìng.

새 단어 Track 09-03

- 今年 jīnnián 몡 올해
- 生日 shēngrì 몡 생일
- 放假 fàngjià 동 방학하다. (학교나 직장을) 쉬다
- 咱们 zánmen 대 우리[자기 쪽 '我', '我们'과 상대방 '你', '你们'을 모두 포함함]
- 一起 yìqǐ 부 함께
- 玩儿 wánr 동 놀다
- 怎么样 zěnmeyàng 어떻게
- 没问题 méi wèntí 문제없다, 괜찮다
- 中秋节 Zhōngqiūjié 고유 추석, 중추절

말하기 훈련 2 Track 09-04

(汉娜와 马丁이 길을 걸어가며 이야기하고 있습니다.)

汉娜 Hànnà	今天几月几号？ Jīntiān jǐ yuè jǐ hào?

马丁 Mǎdīng	今天9月14号。 Jīntiān jiǔyuè shísì hào.	
汉娜 Hànnà	明天是中秋节，对吗？ Míngtiān shì Zhōngqiūjié, duì ma?	
马丁 Mǎdīng	不对，今年的中秋节是10月4号。 Bú duì, jīnnián de Zhōngqiūjié shì shíyuè sì hào.	
汉娜 Hànnà	10月4号？ Shíyuè sì hào? 10月4号是我的生日。 Shíyuè sì hào shì wǒ de shēngrì.	
马丁 Mǎdīng	太好了，中秋节放假， Tài hǎo le, Zhōngqiūjié fàngjià, 咱们一起去玩儿，怎么样？ zánmen yìqǐ qù wánr, zěnmeyàng?	
汉娜 Hànnà	好的，没问题。 Hǎo de, méi wèntí.	

■ 본문 내용을 바탕으로 빈칸에 알맞은 한어병음을 써 보세요.

(1) Míngtiān bú shì _____.

(2) _____ de Zhōngqiūjié shì shíyuè sì hào.

(3) Hànnà de shēngrì shì _____.

(4) Zhōngqiūjié _____, Mǎdīng xiǎng hé Hànnà _____

　　qù _____.

필수 표현

1. 날짜 말하기

(1) 今天几月几号? 오늘 몇 월 며칠인가요?
Jīntiān jǐ yuè jǐ hào?

(2) 今天9月14号。 오늘은 9월 14일이에요.
Jīntiān jiǔyuè shísì hào.

(3) 明天星期几? 내일은 무슨 요일인가요?
Míngtiān xīngqī jǐ?

(4) 明天星期二。 내일은 화요일이에요.
Míngtiān xīngqī'èr.

2. 확인하기

(1) 明天是中秋节，对吗? 내일은 추석이에요. 맞나요?
Míngtiān shì Zhōngqiūjié, duì ma?

3. 의견 묻고 답하기

(1) 咱们一起去玩儿，怎么样? 우리 함께 놀러 가는 거 어때요?
Zánmen yìqǐ qù wánr, zěnmeyàng?

(2) 好的，没问题。 좋아요. 괜찮아요.
Hǎo de, méi wèntí.

말하기 연습

1. 비슷한 발음의 한어병음과 성조를 따라 읽어 보세요. Track 09-05

(1) làngmàn — lànmàn   nǎlǐ — nàlǐ

(2) fēngyǔ — fùyù   hǎobǐ — hébì

(3) hóng dēng — huáng dēng   yùqī — yìqǐ

(4) mánglù — mángmù   qūfú — qīfu

2. 잘 듣고 따라 읽어 보세요. Track 09-06

zuótiān 昨天 어제	qiántiān 前天 그저께
hòutiān 后天 모레	gōngyuán 公园 공원
túshūguǎn 图书馆 도서관	jiǔbā 酒吧 술집, bar
dōngxi 东西 물건	diànyǐng 电影 영화

(1) Zuótiān wǒ méi kè.

(2) Qiántiān wǒ qù jiǔbā le.

(3) Hòutiān wǒ qù mǎi diànnǎo.

(4) Wǒ xiǎng qù gōngyuán.

3. 한 문장씩 큰소리로 말해 보세요.

(1) 今天10月1号。
Jīntiān shíyuè yī hào.

(2) 今天是10月1号。
Jīntiān shì shíyuè yī hào.

(3) 明天是妈妈的生日。
　　Míngtiān shì māma de shēngrì.

(4) 咱们一起去公园。
　　Zánmen yìqǐ qù gōngyuán.

(5) 咱们一起去公园玩儿。
　　Zánmen yìqǐ qù gōngyuán wánr.

(6) 后天咱们一起去公园玩儿。
　　Hòutiān zánmen yìqǐ qù gōngyuán wánr.

4. 주어진 단어를 활용하여 교체 연습을 해 보세요.

(1) 今天几月几号?
　　Jīntiān jǐ yuè jǐ hào?

昨天	后天	前天	明天
zuótiān	hòutiān	qiántiān	míngtiān

(2) 今天星期几?
　　Jīntiān xīngqī jǐ?

明天	15号	6月10号
míngtiān	shíwǔ hào	liùyuè shí hào

(3) 明天2月7号，星期四。
　　Míngtiān èryuè qī hào, xīngqīsì.

7	11	12
qī	shíyī	shí'èr
11	23	31
shíyī	èrshísān	sānshíyī
星期二	星期六	星期日
xīngqī'èr	xīngqīliù	xīngqīrì

5. 주어진 해석에 맞게 문장을 써 보세요.

(1) A 今天_____? 오늘은 몇 월 며칠인가요?
   Jīntiān jǐ yuè jǐ hào?

   B 今天12月19号。
   Jīntiān shí'èryuè shíjiǔ hào.

(2) A 明天_____? 내일은 무슨 요일인가요?
   Míngtiān xīngqījǐ?

   B 明天星期五。
   Míngtiān xīngqīwǔ.

(3) A 你去哪儿?
   Nǐ qù nǎr?

   B _____。 저는 학교에 가요.
   Wǒ qù xuéxiào.

실전 말하기 연습

1. 그림을 보고 주어진 질문에 중국어로 말해 보세요.

(1) 수업은 언제 있나요?

_____

(2) 도서관은 언제 가나요?

_____

(3) 한나의 생일은 언제인가요?

_____

10 Wǒ měitiān bā diǎn shàngkè.

我每天8点上课。

저는 매일 8시에 수업을 들어요.

말하기 훈련

새 단어 Track 10-01

- 每 měi 때 모든, 각각
- 天 tiān 명 날, 일
- 点 diǎn 양 시
- 上课 shàngkè 동 수업을 듣다, 수업하다
- 下课 xiàkè 동 수업이 끝나다, 수업을 마치다
- 半 bàn 수 반, 절반
- 节 jié 양 [수업 시간 등 여러 개로 나누어진 것을 세는 데 쓰임]
- 多长 duō cháng (시간이나 길이가) 얼마나 되는가

- 多 duō 부 얼마, 몇
- 长 cháng 형 길다
- 时间 shíjiān 명 시간
- 分钟 fēnzhōng 양 (시간의) 분 [시간의 양을 나타냄]
- 上午 shàngwǔ 명 오전
- 有的 yǒude 때 어떤 것, 어떤 사람
- 时候 shíhou 명 때, 순간

말하기 훈련 1 Track 10-02

(友美가 친구랑 이야기하고 있습니다.)

朋友 péngyou	你每天几点上课? Nǐ měitiān jǐ diǎn shàngkè?
友美 Yǒuměi	我每天8点上课。 Wǒ měitiān bā diǎn shàngkè.
朋友 péngyou	几点下课? Jǐ diǎn xiàkè?
友美 Yǒuměi	11点半下课。 Shíyī diǎn bàn xiàkè.

80

朋友 péngyou	一节课多长时间？ Yì jié kè duōcháng shíjiān?
友美 Yǒuměi	一节课50分钟。 Yì jié kè wǔshí fēnzhōng.
朋友 péngyou	你们每天有几节课？ Nǐmen měitiān yǒu jǐ jié kè?
友美 Yǒuměi	我们每天上午有四节课， Wǒmen měitiān shàngwǔ yǒu sì jié kè, 下午有的时候有课，有的时候没有课。 xiàwǔ yǒude shíhou yǒu kè, yǒu de shíhou méiyǒu kè.

■ 본문 내용을 바탕으로 빈칸에 알맞은 한어병음을 써 보세요.

(1) Yǒuměi měitiān _____ shàngkè, _____ xiàkè.

(2) Yǒuměi _____ yǒu sì jié kè.

(3) Yì jié kè wǔshí _____.

(4) Yǒuměi _____ yǒude shíhou méiyǒu kè.

새 단어 Track 10-03

- 现在 xiànzài 명 지금, 현재
- 分 fēn 양 (시간의) 분
- 晚 wǎn 형 늦다
- 睡觉 shuìjiào 동 잠자다
- 吧 ba 조 [문장이 끝에서 제의, 요청, 명령 등의 어기를 나타냄]
- 差 chà 동 부족하다, 모자라다
- 刻 kè 양 15분

- 起床 qǐchuáng 동 (잠에서) 일어나다, 기상하다
- 公司 gōngsī 명 회사
- 回来 huílai 동 돌아오다
- 回 huí 동 돌아오다, 돌아가다
- 吃 chī 동 먹다
- 晚饭 wǎnfàn 명 저녁식사, 만찬
- 晚餐 wǎncān 명 저녁식사, 만찬
- 晚安 wǎn'ān 동 안녕히 주무세요.[밤에 하는 인사]

말하기 훈련 2 Track 10-04

(吉米와 朴大中이 이야기하고 있습니다.)

吉米 Jímǐ	现在几点？ Xiànzài jǐ diǎn?
朴大中 Piáo Dàzhōng	现在11点10分。 Xiànzài shíyī diǎn shí fēn.
吉米 Jímǐ	11点10分？太晚了。 Shíyī diǎn shí fēn? Tài wǎn le.
朴大中 Piáo Dàzhōng	对，太晚了，睡觉吧。明天差一刻7点起床。 Duì, tài wǎn le, shuìjiào ba. Míngtiān chà yí kè qī diǎn qǐchuáng.
吉米 Jímǐ	明天星期几？ Míngtiān xīngqī jǐ?
朴大中 Piáo Dàzhōng	星期二。你有课吗？ Xīngqī'èr. Nǐ yǒu kè ma?
吉米 Jímǐ	有。 Yǒu.
朴大中 Piáo Dàzhōng	几点上课？ Jǐ diǎn shàngkè?
吉米 Jímǐ	8点上课。 Bā diǎn shàngkè. 你呢？你几点去公司？ Nǐ ne? Nǐ jǐ diǎn qù gōngsī?
朴大中 Piáo Dàzhōng	8点半。 Bā diǎn bàn.
吉米 Jímǐ	什么时候回来？ Shénme shíhou huílai?
朴大中 Piáo Dàzhōng	晚上7点。你明天下午有课吗？ Wǎnshang qī diǎn. Nǐ míngtiān xiàwǔ yǒu kè ma?

吉米 Jímǐ	下午有两节课，3点半下课，5点回来。 Xiàwǔ yǒu liǎng jié kè, sān diǎn bàn xiàkè, wǔ diǎn huílai.
朴大中 Piáo Dàzhōng	晚上我们一起吃晚饭，怎么样? Wǎnshang wǒmen yìqǐ chī wǎnfàn, zěnmeyàng?
吉米 Jímǐ	好。睡觉吧，晚安。 Hǎo. Shuìjiào ba, wǎn'ān.

■ 본문 내용을 바탕으로 빈칸에 알맞은 한어병음을 써 보세요.

(1) Xiànzài _____, tài _____ le.

(2) Jímǐ míngtiān _____ shàngkè.

(3) Piáo Dàzhōng míngtiān _____ qù gōngsī,
    wǎnshang qī diǎn _____.

(4) Jímǐ sān diǎn bàn _____, wǔ diǎn _____.

(5) Tāmen xiǎng wǎnshang yìqǐ _____.

필수 표현

1. 시간 표현 말하기

(1) 8点 8시
   bā diǎn

(2) 8点5分 / 8点零五 8시 5분
   bā diǎn wǔ fēn / bā diǎn líng wǔ

(3) 8点10分 8시 10분
   bā diǎn shí fēn

(4) 8点一刻 / 8点15分 8시 15분
   bā diǎn yí kè / bā diǎn shíwǔ fēn

(5) 8点半 / 8点30分 8시 30분
   bā diǎn bàn / bā diǎn sānshí fēn

(6) 8点50分 / 差10分9点 8시 50분
   bā diǎn wǔshí fēn / chà shí fēn jiǔ diǎn

2. 시간대 표현 말하기

(1) 一节课多长时间? 수업 하나당 시간이 얼마나 되나요?
Yì jié kè duō cháng shíjiān?

(2) 一节课50分钟。 수업 하나당 50분이에요.
Yì jié kè wǔshí fēnzhōng.

3. 스케줄 말하기

(1) 你每天几点上课? 당신은 매일 몇 시에 수업을 가나요?
Nǐ měitiān jǐ diǎn shàngkè?

(2) 我每天8点上课。 저는 매일 8시에 수업을 들어요.
Wǒ měitiān bā diǎn shàngkè.

(3) 你明天下午有课吗? 당신은 내일 오후에 수업이 있나요?
Nǐ míngtiān xiàwǔ yǒu kè ma?

(4) 明天下午没有课。 내일 오후에 수업이 없어요.
Míngtiān xiàwǔ méiyǒu kè.

(5) 你几点去公司? 당신은 몇 시에 회사에 가나요?
Nǐ jǐ diǎn qù gōngsī?

(6) 8点半去公司。 8시 반에 회사에 가요.
Bā diǎn bàn qù gōngsī.

(7) 你什么时候回来? 당신은 언제 돌아오나요?
Nǐ shénme shíhou huílai?

(8) 晚上7点回来。 저녁 7시에 돌아와요.
Wǎnshang qī diǎn huílai.

말하기 연습

1. 비슷한 발음의 한어병음과 성조를 따라 읽어 보세요. Track 10-05

(1) nánshòu — nénggòu   kěyǐ — kèqi

(2) fānyì — fàngqì   píngrì — píngshí

(3) rénshēng — rènshi   hǎochī — hàoqí

(4) cháng de — zāng de   xiàbān — shàngbān

2. 잘 듣고 따라 읽어 보세요. Track 10-06

| shàngbān 上班 출근하다 | xiàbān 下班 퇴근하다 | yùndòng 运动 운동하다 |
| xiūxi 休息 쉬다, 휴식하다 | zǎofàn 早饭 아침 식사 | wǔfàn 午饭 점심 식사 |

(1) Míngtiān bú shàngbān.   (2) Tāmen xiàbān le.

(3) Hái méi chī wǔfàn.   (4) Jīntiān wǒ xiūxi.

3. 한 문장씩 큰소리로 말해 보세요.

(1) 现在十二点十分。
Xiànzài shí'èr diǎn shí fēn.

(2) 现在十二点一刻。
Xiànzài shí'èr diǎn yí kè.

(3) 现在十二点半。
Xiànzài shí'èr diǎn bàn.

(4) 现在差一刻一点。
Xiànzài chà yí kè yì diǎn.

(5) 什么时候有课?
Shénme shíhou yǒu kè?

(6) 今天下午有两节课。
Jīntiān xiàwǔ yǒu liǎng jié kè.

(7) 上课吧。
Shàngkè ba.

(8) 我们上课吧。
Wǒmen shàngkè ba.

4. 주어진 단어를 활용하여 교체 연습을 해 보세요.

(1) A 现在几点？
　　　Xiànzài jǐ diǎn?

　　B 现在<u>10点</u>。
　　　Xiànzài <u>shí diǎn</u>.

8:00	1:30	2:15	6:55
bā diǎn	yì diǎn bàn / yì diǎn sānshí fēn	liǎng diǎn yí kè / liǎng diǎn shíwǔ fēn	chà wǔ fēn qī diǎn / liù diǎn wǔshíwǔ fēn

(2) 你每天几点<u>上课</u>？
　　Nǐ měitiān jǐ diǎn <u>shàngkè</u>?

起床	吃午饭	吃早饭	上班
qǐchuáng	chī wǔfàn	chī zǎofàn	shàngbān

(3) A 你什么时候<u>回来</u>？
　　　Nǐ shénme shíhou <u>huílai</u>?

　　B 我<u>7点</u> <u>回来</u>。
　　　Wǒ <u>qī diǎn</u> <u>huílai</u>.

下班	去学校	没有课
xiàbān	qù xuéxiào	méiyǒu kè
5点	明天	星期日
wǔ diǎn	míngtiān	xīngqīrì

5. 주어진 해석에 맞게 문장을 써 보세요.

(1) A 你几点_____？几点_____？　당신은 몇 시에 일어나요?
　　　Nǐ jǐ diǎn qǐchuáng? Jǐ diǎn chī zǎofàn?　아침은 몇 시에 먹나요?

　　B 我6:30起床，7点吃早饭。
　　　Wǒ liù diǎn bàn qǐchuáng, qī diǎn chī zǎofàn.

(2) A 你每天_____? 당신은 매일 몇 시에 수업이 있나요?
　　　Nǐ měitiān jǐ diǎn shàngkè?

　　B 我每天8点上课。
　　　Wǒ měitiān bā diǎn shàngkè.

(3) A 你每天运动吗?
　　　Nǐ měitiān yùndòng ma?

　　B _____。 저는 매일 운동해요.
　　　Wǒ měitiān yùndòng.

실전 말하기 연습

1. 그림을 보고 옆사람과 함께 중국어로 이야기해 보세요.

(1) 그림 속 인물의 하루 일과에 대해 이야기해 보세요.

(2) 옆사람과 함께 서로의 하루 일과에 대해 묻고 답해 보세요.

11

Wǒ zhù zài liúxuéshēng sùshè.
我住在留学生宿舍。
저는 유학생 기숙사에 살아요.

말하기 훈련

1

새 단어 Track 11-01

- 住 zhù 동 살다
- 在 zài 전 ~에[행위나 동작이 이루어지는 시간·장소·범위를 나타냄]
- 留学生 liúxuéshēng 명 유학생
- 宿舍 sùshè 명 기숙사
- 外边 wàibian 명 밖, 바깥쪽
- 小区 xiǎoqū 명 단지, 구역
- 离 lí 동 떨어지다, ~에서 떨어져 있다
- 骑 qí 동 (자전거 등을) 타다
- 自行车 zìxíngchē 명 자전거
- 走路 zǒulù 동 길을 걷다
- 小时 xiǎoshí 명 시간[시간 단위]
- 近 jìn 형 가깝다
- 花园小区 Huāyuán Xiǎoqū 고유 화위안샤오취

말하기 훈련 1 Track 11-02

(수업이 끝나고 李雪가 友美를 만나 이야기하고 있습니다.)

李雪　　友美，你现在住哪儿?
Lǐ Xuě　　Yǒuměi, nǐ xiànzài zhù nǎr?

友美　　我住在留学生宿舍。你呢?
Yǒuměi　　Wǒ zhù zài liúxuéshēng sùshè. Nǐ ne?

李雪　　我住在学校外边，花园小区。
Lǐ Xuě　　Wǒ zhù zài xuéxiào wàibian, Huāyuán Xiǎoqū.

友美　　你们小区在哪儿?
Yǒuměi　　Nǐmen xiǎoqū zài nǎr?

李雪　　就在学校西边。
Lǐ Xuě　　Jiù zài xuéxiào xībian.

友美 Yǒuměi	离学校远吗? Lí xuéxiào yuǎn ma?
李雪 Lǐ Xuě	不太远，骑自行车要10分钟， Bú tài yuǎn, qí zìxíngchē yào shí fēnzhōng, 走路要半个小时。 zǒulù yào bàn ge xiǎoshí.
友美 Yǒuměi	很近。 Hěn jìn.
李雪 Lǐ Xuě	对，很近。 Duì, hěn jìn.

■ 본문 내용을 바탕으로 빈칸에 알맞은 한어병음을 써 보세요.

(1) Yǒuměi ＿＿＿＿＿＿ liúxuéshēng sùshè,

　　Lǐ Xuě zhù zài xuéxiào ＿＿＿＿＿＿.

(2) Lǐ Xuě ＿＿＿＿＿＿ Huāyuán ＿＿＿＿＿＿.

(3) Zhè ge xiǎoqū ＿＿＿＿＿＿ xuéxiào ＿＿＿＿＿＿,

　　qí zìxíngchē yào shí fēnzhōng, zǒulù yào ＿＿＿＿＿＿.

새 단어 Track 11-03

- 最近 zuìjìn 명 최근, 요즘
- 都 dōu 부 모두
- 忙 máng 형 바쁘다
- 来 lái 동 오다
- 啊 a 조 [문장의 끝에 쓰여 감탄, 의문, 긍정을 나타냄]
- 大 dà 형 크다
- 漂亮 piàoliang 형 아름답다, 예쁘다
- 坐 zuò 동 앉다
- 路 lù 명 (교통 수단의) 노선
- 公共汽车 gōnggòng qìchē 명 버스
- 下车 xià chē 동 차에서 내리다, 하차하다

말하기 훈련 2 Track 11-04

(李雪가 友美를 그녀의 집에 초대하려고 합니다.)

李雪
Lǐ Xuě
友美，你最近怎么样？
Yǒuměi, nǐ zuìjìn zěnmeyàng?

友美
Yǒuměi
我很好。
Wǒ hěn hǎo.

李雪
Lǐ Xuě
马丁他们呢？
Mǎdīng tāmen ne?

友美
Yǒuměi
他们都很好。
Tāmen dōu hěn hǎo.

李雪
Lǐ Xuě
你最近忙不忙？
Nǐ zuìjìn máng bu máng?

友美
Yǒuměi
不太忙。
Bú tài máng.

李雪
Lǐ Xuě
有时间来我家玩儿吧。
Yǒu shíjiān lái wǒ jiā wánr ba.

友美
Yǒuměi
好啊。你住在花园小区，对不对？
Hǎo a. Nǐ zhù zài Huāyuán Xiǎoqū, duì bu duì?

李雪
Lǐ Xuě
对。我们小区很大，也很漂亮，离学校也不远。
Duì. Wǒmen xiǎoqū hěn dà, yě hěn piàoliang, lí xuéxiào yě bù yuǎn.

友美
Yǒuměi
我怎么去你家？
Wǒ zěnme qù nǐ jiā?

李雪
Lǐ Xuě
坐25路公共汽车，在花园小区下车。
Zuò èrshíwǔ lù gōnggòng qìchē, zài Huāyuán Xiǎoqū xià chē.

友美
Yǒuměi
好的。我明天下午去，怎么样？
Hǎo de. Wǒ míngtiān xiàwǔ qù, zěnmeyàng?

李雪
Lǐ Xuě
太好了。
Tài hǎo le.

■ 본문 내용을 바탕으로 빈칸에 알맞은 한어병음을 써 보세요.

(1) Yǒuměi zuìjìn _____.

(2) Huāyuán Xiǎoqū _____, yě hěn _____.

(3) Huāyuán Xiǎoqū lí xuéxiào _____.

(4) Qù Lǐ Xuě jiā zuò èrshíwǔ lù _____,

   zài Huāyuán Xiǎoqū _____.

(5) Yǒuměi _____ qù Lǐ Xuě jiā.

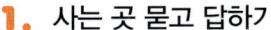

필수 표현

1. 사는 곳 묻고 답하기

(1) 你住哪儿? 당신 어디 살아요?
Nǐ zhù nǎr?

(2) 我住在留学生宿舍。 저는 유학생 기숙사에 살아요.
Wǒ zhù zài liúxuéshēng sùshè.

(3) 我住在学校外边，花园小区。 저는 학교 밖, 화위안샤오취에 살아요.
Wǒ zhù zài xuéxiào wàibian, Huāyuán Xiǎoqū.

2. 거리 묻고 답하기

(1) 小区离学校远吗? 학교에서 멀리 떨어져 있나요?
Xiǎoqū lí xuéxiào yuǎn ma?

(2) 不太远。 그렇게 멀지 않아요.
Bú tài yuǎn.

(3) 车站离你家远吗? 정류장은 당신네 집에서 먼가요?
　　 Chēzhàn lí nǐ jiā yuǎn ma?

(4) 很近。 정말 가까워요.
　　 Hěn jìn.

(5) 不太远，骑自行车要10分钟，走路要半个小时。
　　 Bú tài yuǎn, qí zìxíngchē yào shí fēnzhōng, zǒulù yào bàn ge xiǎoshí.
　　 그렇게 멀지 않아요. 자전거를 타면 10분, 걸어서는 30분 걸려요.

3. 질문하기

(1) 你最近忙不忙? 당신 요즘 바쁜가요?
　　 Nǐ zuìjìn máng bu máng?

(2) 你住在花园小区，对不对? 당신은 화위안샤오취에 사는 거 맞죠?
　　 Nǐ zhù zài Huāyuán Xiǎoqū, duì bu duì?

(3) 他家离学校远不远? 그의 집은 학교에서 먼가요?
　　 Tā jiā lí xuéxiào yuǎn bu yuǎn?

말하기 연습

1. 잘 듣고 따라 읽어 보세요. Track 11-05

Xī'ān 西安 시안[중국 지명]	Shànghǎi 上海 상하이[중국 지명]
lóu 楼 빌딩	gōngyù 公寓 아파트
tèbié 特别 특히, 더욱	fēicháng 非常 대단히, 매우
huǒchē 火车 기차	fēijī 飞机 비행기

(1) tèbié yuǎn　　　　tèbié hǎochī　　　　tèbié piàoliang

(2) fēicháng máng　　　　fēicháng gāoxìng　　　　fēicháng piányi

(3) zuò huǒchē　　　　zuò fēijī

2. 한 문장씩 큰소리로 말해 보세요.

(1) 我家离学校很近。
Wǒ jiā lí xuéxiào hěn jìn.

(2) 他家离学校不太远。
Tā jiā lí xuéxiào bú tài yuǎn.

(3) 他家离学校很远。
Tā jiā lí xuéxiào hěn yuǎn.

(4) 你最近忙不忙?
Nǐ zuìjìn máng bu máng?

(5) 我最近不太忙。
Wǒ zuìjìn bú tài máng.

(6) 我们最近都很忙。
Wǒmen zuìjìn dōu hěn máng.

(7) 这个小区很漂亮。
Zhè ge xiǎoqū hěn piàoliang.

(8) 这个小区很大，也很漂亮。
Zhè ge xiǎoqū hěn dà, yě hěn piàoliang.

3. 주어진 단어를 활용하여 교체 연습을 해 보세요.

(1) A 你现在住哪儿?
Nǐ xiànzài zhù nǎr?

B 我住在<u>学生宿舍</u>。你呢?
Wǒ zhù zài <u>xuéshēng sùshè</u>. Nǐ ne?

A 我住在<u>学校外边</u>。
Wǒ zhù zài <u>xuéxiào wàibian</u>.

朋友家	学生公寓	西安
péngyou jiā	xuéshēng gōngyù	Xī'ān
学校宿舍	宿舍楼	上海
xuéxiào sùshè	sùshè lóu	Shànghǎi

(2) 有时间来我家玩儿吧。
　　　Yǒu shíjiān lái wǒ jiā wánr ba.

来	去	去
lái	qù	qù
上海	西安	公园
Shànghǎi	Xī'ān	gōngyuán

(3) 你住在花园小区，对不对？
　　　Nǐ zhù zài Huāyuán Xiǎoqū, duì bu duì?

| 学生公寓很大 | 你骑自行车去 | 我们8点上课 |
| xuéshēng gōngyù hěn dà | nǐ qí zìxíngchē qù | wǒmen bā diǎn shàngkè |

5. 주어진 해석에 맞게 문장을 써 보세요.

(1) A _____? 당신은 지금 어디에 살아요?
　　　Tā xiànzài zhù nǎr?

　　B 他现在住在学校外边。
　　　Tā xiànzài zhù zài xuéxiào wàibian.

(2) A _____? 학교는 당신네 집에서 먼가요?
　　　Xuéxiào lí nǐ jiā yuǎn ma?

　　B 离我家非常远。
　　　Lí wǒ jiā fēicháng yuǎn.

(3) A 你怎么去学校？
　　　Nǐ zěnme qù xuéxiào?

　　B _____。 저는 자전거를 타고 가요.
　　　Wǒ qí zìxíngchē qù.

 실전 말하기 연습

1. 그림을 보고 주어진 질문에 중국어로 말해 보세요.

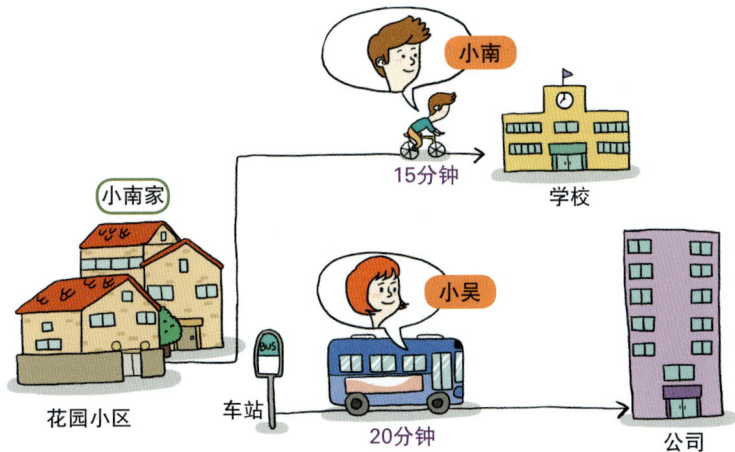

(1) 小南은 어디에 사나요?
_____

(2) 小南의 집은 학교에서 먼가요?
_____

(3) 小南은 학교에 어떻게 가나요? 시간은 얼마나 걸리나요?
_____

(4) 小吴는 회사에 어떻게 가나요? 시간은 얼마나 걸리나요?
_____

12 Wǒ zài Běijīng xuéxí Hànyǔ.
我在北京学习汉语。
저는 베이징에서 중국어를 공부해요.

말하기 훈련

1

새 단어 Track 12-01

- 总 zǒng 총괄적인, 우두머리
- 同事 tóngshì 몡 동료
- 吧 ba 조 ~하자, ~하라[문장 끝에서 청유, 기대, 명령 등의 어기를 나타냄]
- 广告 guǎnggào 몡 광고
- 工作 gōngzuò 동 일하다, 작업하다
- 名片 míngpiàn 몡 명함
- 电话 diànhuà 몡 전화
- 房间 fángjiān 몡 방, 룸
- 手机 shǒujī 몡 휴대전화
- 号码 hàomǎ 몡 번호, 숫자
- 号 hào 몡 번호, 호
- 北京 Běijīng 베이징[중국 지명]

말하기 훈련 1 Track 12-02

(유학생 파티에서 朴大中이 马丁을 만나 이야기하고 있습니다.)

朴大中 我是张总的朋友。我叫朴大中。
Piáo Dàzhōng Wǒ shì Zhāng zǒng de péngyou. Wǒ jiào Piáo Dàzhōng.

马丁 我也是他的朋友。我叫马丁。
Mǎdīng Wǒ yě shì tā de péngyou. Wǒ jiào Mǎdīng.

朴大中 你是他的同事吧?
Piáo Dàzhōng Nǐ shì tā de tóngshì ba?

马丁 不是,我是留学生,
Mǎdīng Bú shì, wǒ shì liúxuéshēng,

在北京学习汉语。你呢?
zài Běijīng xuéxí Hànyǔ. Nǐ ne?

朴大中 Piáo Dàzhōng	我在广告公司工作。这是我的名片。 Wǒ zài guǎnggào gōngsī gōngzuò. Zhè shì wǒ de míngpiàn.
马丁 Mǎdīng	谢谢。对不起，我没有名片。 Xièxie. Duìbuqǐ, wǒ méiyǒu míngpiàn.
朴大中 Piáo Dàzhōng	你的电话是多少？ Nǐ de diànhuà shì duōshao?
马丁 Mǎdīng	我房间的电话是62511301， Wǒ fángjiān de diànhuà shì liù èr wǔ yī yī sān líng yī, 我的手机号码是13521197633。 wǒ de shǒujī hàomǎ shì yī sān wǔ èr yī yī jiǔ qī liù sān sān.

■ 본문 내용을 바탕으로 빈칸에 알맞은 한어병음을 써 보세요.

(1) Tāmen dōu shì Zhāng zǒng de _____.

(2) Piáo Dàzhōng zài _____ gōngzuò.

(3) Mǎdīng shì _____, tā zài Běijīng _____.

(4) Liù èr wǔ yī yī sān líng yī shì Mǎdīng fángjiān de _____,

　　tā de _____ hàomǎ shì yī sān wǔ èr yī yī jiǔ qī liù sān sān.

새 단어 Track 12-03

- 喜欢 xǐhuan 동 좋아하다
- 电视 diànshì 명 텔레비전
- 多 duō 형 많다
- 节目 jiémù 명 프로그램, 항목
- 从……到…… cóng……dào…… ~부터 ~까지
- 对 duì 개 ~에 대하여

- 最 zuì 부 가장, 제일
- 感兴趣 gǎn xìngqù 흥미를 느끼다
- 兴趣 xìngqù 명 재미, 흥미
- 为什么 wèi shénme 대 왜, 어째서, 무엇 때문에
- 可以 kěyǐ 조동 ~할 수 있다, ~해도 좋다

말하기 훈련 2 Track 12-04

(友美와 马丁이 텔레비전 시청에 대해 이야기하고 있습니다.)

马丁 Mǎdīng	你喜欢看电视吗?
	Nǐ xǐhuan kàn diànshì ma?

友美 Yǒuměi	我不喜欢看电视,
	Wǒ bù xǐhuan kàn diànshì,
	广告太多了。
	guǎnggào tài duō le.

马丁 Mǎdīng	广告多吗?
	Guǎnggào duō ma?

友美 Yǒuměi	非常多，每个节目前边都有很多广告。
	Fēicháng duō, měi ge jiémù qiánbian dōu yǒu hěn duō guǎnggào.

马丁 Mǎdīng	我特别喜欢广告，
	Wǒ tèbié xǐhuan guǎnggào,
	我每天晚上从8点到12点都看电视，
	wǒ měitiān wǎnshang cóng bā diǎn dào shí'èr diǎn dōu kàn diànshì,
	对广告最感兴趣。
	duì guǎnggào zuì gǎn xìngqù.

友美 Yǒuměi	你为什么喜欢看广告?
	Nǐ wèi shénme xǐhuan kàn guǎnggào?

马丁 Mǎdīng	看广告可以学习汉语。
	Kàn guǎnggào kěyǐ xuéxí Hànyǔ.

■ 본문 내용을 바탕으로 빈칸에 알맞은 한어병음을 써 보세요.

(1) Mǎdīng xǐhuan _____, tā tèbié xǐhuan _____,

tā duì guǎnggào _____ gǎn xìngqù.

(2) Kàn guǎnggào _____ xuéxí Hànyǔ.

필수 표현

1. 서술하기

(1) 我在北京学习汉语。 저는 베이징에서 중국어를 공부해요.
Wǒ zài Běijīng xuéxí Hànyǔ.

(2) 他在广告公司工作。 그는 광고 회사에서 일해요.
Tā zài guǎnggào gōngsī gōngzuò.

(3) 我们在家里看电视。 우리는 집에서 텔레비전을 봐요.
Wǒmen zài jiā lǐ kàn diànshì.

2. 취미 이야기하기

(1) 他很喜欢运动。 그는 운동을 매우 좋아해요.
Tā hěn xǐhuan yùndòng.

(2) 我特别喜欢看广告。 저는 광고 보는 걸 특히 좋아해요.
Wǒ tèbié xǐhuan kàn guǎnggào.

(3) 我对电影最感兴趣。 저는 영화에 대해 가장 흥미를 느껴요.
Wǒ duì diànyǐng zuì gǎn xìngqù.

3. 추측하기

(1) 你是韩国人吧? 당신은 한국인이죠?
Nǐ shì Hánguórén ba?

(2) 你是他的同事吧? 당신은 그의 동료이죠?
Nǐ shì tā de tóngshì ba?

(3) 你们在北京学习汉语吧? 당신들은 베이징에서 중국어를 공부하죠?
Nǐmen zài Běijīng xuéxí Hànyǔ ba?

말하기 연습

1. 잘 듣고 따라 읽어 보세요. Track 12-05

guàng 逛 노닐다, 놀러다니다	shāngdiàn 商店 상점
zuò 做 하다, 만들다	shàngwǎng 上网 인터넷
lǚyóu 旅游 여행	lǚguǎn 旅馆 여관
fàndiàn 饭店 호텔	yīfu 衣服 옷, 의복

(1) guàng gōngyuán   qù shāngdiàn   māma zuò fàn

(2) Wǒ xǐhuan shàngwǎng.

(3) Tā xǐhuan lǚyóu.

(4) Wǒ zhù zài lǚguǎn.

(5) Zhè shì Běijīng Fàndiàn.

(6) Wǒmen dōu xǐhuan piàoliang yīfu.

2. 한 문장씩 큰소리로 말해 보세요.

(1) 这是我的手机号码。
    Zhè shì wǒ de shǒujī hàomǎ.

(2) 我的电话号码是82509513。
    Wǒ de diànhuà hàomǎ shì bā èr wǔ líng jiǔ wǔ yī sān.

(3) 我对汉语很感兴趣。
    Wǒ duì Hànyǔ hěn gǎn xìngqù.

(4) 我们都对汉语感兴趣。
    Wǒmen dōu duì Hànyǔ gǎn xìngqù.

⑸ 他对汉语最感兴趣。
　　Tā duì Hànyǔ zuì gǎn xìngqù.

⑹ 我们都对他的电影感兴趣。
　　Wǒmen dōu duì tā de diànyǐng gǎn xìngqù.

3. 주어진 단어를 활용하여 교체 연습을 해 보세요.

⑴ 我在<u>上海</u><u>学习汉语</u>。
　　Wǒ zài Shànghǎi xuéxí Hànyǔ.

超市	房间	家里
chāoshì	fángjiān	jiā lǐ
买东西	看电视	上网
mǎi dōngxi	kàn diànshì	shàngwǎng

⑵ A 你们喜欢做什么?
　　Nǐmen xǐhuan zuò shénme?

　B 我们喜欢<u>看电影</u>。
　　Wǒmen xǐhuan kàn diànyǐng.

| 上网 | 逛商店 | 在家里看电视 |
| shàngwǎng | guàng shāngdiàn | zài jiā lǐ kàn diànshì |

⑶ A 你对什么最感兴趣?
　　Nǐ duì shénme zuì gǎn xìngqù?

　B 我对<u>广告</u>最感兴趣。
　　Wǒ duì guǎnggào zuì gǎn xìngqù.

| 旅游 | 这个节目 | 学习汉语 |
| lǚyóu | zhè ge jiémù | xuéxí Hànyǔ |

5. 주어진 해석에 맞게 문장을 써 보세요.

(1) A _____? 당신은 어디에서 공부를 하나요?
   Nǐ zài nǎr xuéxí?

　　B 我在上海学习。
　　　Wǒ zài Shànghǎi xuéxí.

(2) A _____? 당신은 무엇을 하는 걸 좋아하나요?
   Nǐ xǐhuan zuò shénme?

　　B 我喜欢上网。
　　　Wǒ xǐhuan shàngwǎng.

(3) A 他为什么来中国?
   Tā wèi shénme lái Zhōngguó?

　　B _____。 그는 중국어를 공부하러 중국에 왔어요.
   Tā lái Zhōngguó xuéxí Hànyǔ.

실전 말하기 연습

1. 표를 보고 중국어로 이야기해 보세요.

俱乐部活动安排						
	看电视	看电影	学习汉语	骑自行车	逛商店	吃中国饭
13:00–14:30		★	★		★	★
15:00–16:30				★	★	
19:00–21:00	★		★			★

(1) 클럽에 어떤 활동이 언제 있는지 서로 이야기해 보세요.

(2) 어떤 활동에 관심이 있는지 서로 묻고 답해 보세요.

- 모범답안
- 해석

01

3

콜라 / 커피

4

(1) 엄마, 어머니 (2) 미안합니다, 죄송합니다

6

你好! 안녕하세요!

再见! 안녕히 가세요!

老师 선생님 / 申老师 심 선생님

7

(1) 你们 너희, 당신들 / 我们 우리 / 他们 그들
(2) 爸爸 아빠, 아버지 / 妈妈 엄마, 어머니 / 哥哥 형, 오빠
(3) 姐姐 누나, 언니 / 弟弟 남동생 / 妹妹 여동생

9

(1) 看 보다 / 听 듣다 / 住 살다, 머무르다 / 来 오다
(2) 写 쓰다 / 读 읽다 / 买 사다 / 说 말하다
(3) 学习 공부하다 / 汉语 중국어 / 学生 학생 / 朋友 친구

말하기 훈련

1 말하기 훈련 1
- A 안녕하세요!
- B 안녕하세요!

2 말하기 훈련 2
- A 여러분, 안녕하세요!
- B 선생님, 안녕하세요!

3 말하기 훈련 3
- A 안녕히 가세요!
- B 안녕히 가세요!

말하기 연습

2

(1) 안녕하세요!   (2) 안녕하세요!   (3) 선생님, 안녕하세요!

(4) 여러분 안녕하세요!   (5) 선생님, 안녕하세요!   (6) 이 선생님, 안녕히 가세요!

3

(1)
<u>선생님</u>, 안녕하세요!

| 이 선생님 | 왕 선생님 |

(2)
여러분, 안녕하세요!

| 아빠, 아버지 | 엄마, 어머니 |

 실전 말하기 연습

1

A 汉娜，你好。 한나, 안녕!
B 友美，你好。 토모미, 안녕!
A 再见! 잘 가!
B 再见! 잘 가!

A 李雪，你好。 리쉐, 안녕!
B 吉米，你好。 지미, 안녕!
A 再见! 잘 가!
B 再见! 잘 가!

A 马丁，你好。 마틴, 안녕!
B 朴大中，你好。 박대중, 안녕!
A 再见! 잘 가!
B 再见! 잘 가!

02

 발음 연습

1

(1) 안녕하세요
- 제3성의 성조 변화 시 표기가 바뀌지는 않는다. 즉, 여기에서는 '你好'의 발음을 'ní hǎo'라고 하는 것일 뿐, 성조 표기를 'ní hǎo'라고는 하지 않는다.

106

2

(1) 不喝 마시지 않다
　　不来 오지 않다
　　不买 사지 않다
　　不去 가지 않다

4

老师 선생님
早上 아침
谢谢 고맙습니다, 감사합니다
不客气 천만에요
对不起 미안합니다, 죄송합니다
没关系 괜찮아요

5

(1) 你好 안녕하세요 / 很好 매우 좋다 / 小姐 아가씨 / 水果 과일

(2) 小雨 적게 내린 비, 가랑비 / 手表 손목시계 / 也好 ~도 좋다 / 所以 그래서

6

(1) 不吃 먹지 않다 / 不来 오지 않다 / 不写 쓰지 않다 / 不看 보지 않다

(2) 不吃不喝 먹지 않고 마시지 않다 / 不听不看 듣지 않고 보지 않다 /
　　不叫不来 부르지 않고 오지 않다 / 不问不说 묻지 않고 말하지 않다

8

(1) 去 가다 / 吃 먹다 / 喝 마시다 / 叫 부르다

(2) 做 ~을 하다 / 开 열다 / 是 ~이다 / 有 ~이 있다

(3) 说话 말하다, 이야기하다 / 睡觉 자다 / 工作 일하다 / 下雨 비가 내리다

(4) 打电话 전화하다 / 买东西 물건을 사다 / 做作业 숙제를 하다 / 去教室 교실에 가다

(5) 一本书 책 한 권 / 一块钱 1위안 / 不会来 올 수 없다 / 不喝水 물을 마시지 않다

말하기 훈련

1 **말하기 훈련 1**

A 안녕하세요!
B 안녕하세요![아침 인사]

2 **말하기 훈련 2**

A 감사합니다.
B 천만에요.

3 **말하기 훈련 3**

A 죄송합니다.
B 괜찮아요.

말하기 연습

2

(1) 안녕하세요.[아침 인사] (2) 안녕하세요.[점심 인사] (3) 안녕하세요.[저녁 인사]
(4) 감사합니다. (5) 선생님, 감사합니다. (6) 미안합니다.
(7) 괜찮습니다.

3

(1)
A 선생님, 안녕하세요![아침 인사]
B 안녕.

| 안녕하세요[오후 인사] | 안녕하세요[저녁 인사] |

(2)
A 감사합니다!
B <u>천만에요</u>.

| 천만에요 | 천만에요 |

 실전 말하기 연습

1

(1)
A 早上好。 안녕하세요.[아침 인사]
B 早上好。 안녕하세요.[아침 인사]

A 中午好。 안녕하세요.[점심 인사]
B 中午好。 안녕하세요.[점심 인사]

A 下午好。 안녕하세요.[오후 인사]
B 下午好。 안녕하세요.[오후 인사]

A 晚上好。 안녕하세요.[저녁 인사]
B 晚上好。 안녕하세요.[저녁 인사]

03

  발음 연습

1

(1) 一些 약간, 조금 / 一元 1위안 / 一本 1권 / 一件 1건

3

下午 오후 / 晚上 저녁
不谢 천만에요 / 不用谢 천만에요
今天 오늘 / 明天 내일 / 星期日 일요일
九月 9월 / 八号 8일

4

(1) 一天 하루 / 一年 일년 / 一点 약간, 조금 / 一块 한 덩어리

(2) 一些 약간, 조금 / 一直 줄곧 / 一起 같이, 함께 / 一共 모두, 전부

6

(1) 家 집 / 水 물 / 上 위 / 下 아래

(2) 菜 음식 / 钱 돈 / 人 사람 / 书 책

(3) 商店 상점, 가게 / 学校 학교 / 医院 병원 / 饭馆 식당

(4) 现在 지금, 현재 / 水果 과일 / 时候 ~때 / 衣服 옷

(5) 火车站 기차역 / 出租车 택시 / 看医生 진료를 받다, 치료를 받다 / 很高兴 매우 기쁘다

말하기 훈련

1 말하기 훈련 1

오늘은 월요일, 내일은 화요일입니다.

2 말하기 훈련 2

오늘은 9월 8일 토요일입니다. 내일은 9월 9일 일요일입니다.

1

(1) 一月 1월 / 二月 2월 / 三月 3월 / 四月 4월 / 五月 5월 / 六月 6월 /
七月 7월 / 八月 8월 / 九月 9월 / 十月 10월 / 十一月 11월 / 十二月 12월

(2) 星期一 월요일 / 星期二 화요일 / 星期三 수요일 / 星期四 목요일 / 星期五 금요일 /
星期六 토요일 / 星期天 일요일

2

(1) 2월 2일은 목요일이다. (2) 6월 9일은 토요일이다. (3) 8월 30일은 월요일이다.
(4) 3월 7일은 일요일이다. (5) 1월 11일은 토요일이다.

1

(1)
A 今天是三月六日，星期三。 오늘은 3월 6일 수요일이다.
B 明天是三月七日，星期四。 내일은 3월 7일 목요일이다.

1

(1) 보세요.   (2) 들으세요.   (3) 오세요.   (4) 너희, 당신들

2
(1) 玩儿 놀다
(2) 这儿 여기, 이곳

4
我们是朋友。 우리는 친구입니다.
他是我朋友。 그는 나의 친구입니다
很高兴 매우 기쁘다
认识你很高兴。 당신을 알게 되어 매우 기쁩니다.
我也很高兴。 저도 매우 기쁩니다.

5
(1) 老师 선생님 / 北京 베이징 / 手机 휴대전화 / 好吃 맛있다
(2) 小学 초등학교 / 女人 여자, 여인 / 小时 시간 / 旅游 여행하다
(3) 米饭 쌀밥 / 考试 시험, 시험을 치다 / 跑步 달리다 / 准备 준비하다
(4) 早上 아침, 오전 / 我们 우리 / 姐姐 누나, 언니 / 喜欢 좋아하다

6
(1) 这儿 여기, 이곳 / 那儿 저기, 저곳 / 哪儿 어디, 어느 쪽
(2) 玩儿 놀다 / 一会儿 잠시, 잠깐

8
(1) 字 글자 / 爱 사랑하다 / 想 생각하다 / 会 ~할 수 있다
(2) 能 ~할 수 있다 / 大 크다 / 小 작다 / 岁 살, 세
(3) 学校 학교 / 苹果 사과 / 飞机 비행기 / 电视 텔레비전, TV
(4) 天气 날씨 / 电脑 컴퓨터 / 名字 이름, 성명 / 杯子 컵
(5) 真漂亮 정말 예쁘다 / 怎么样 어떠하다 / 太冷了 몹시 춥다 / 我们这儿 우리 쪽

말하기 훈련

1 말하기 훈련 1

리쉐 저는 중국인이에요. 저의 성은 '리'이고, 리쉐라고 해요.

(1) Lǐ Xuě shì Zhōngguórén.　李雪是中国人。 리쉐는 중국인이다.

(2) Lǐ Xuě xìng Lǐ.　李雪姓李。 리쉐는 성이 '리'이다.

2 말하기 훈련 2

토모미 그는 영국인이에요. 그는 마틴이라고 하고, 우리는 친구예요.

(1) Tā jiào Mǎdīng.　他叫马丁。 그는 마틴이라고 한다.

(2) Mǎdīng shì Yīngguórén.　马丁是英国人。 마틴은 영국인이다.

(3) Yǒuměi hé Mǎdīng shì péngyou.　友美和马丁是朋友。 토모미와 마틴은 친구이다.

3 말하기 훈련 3

박대중 저의 성은 '박'이고, 박대중이라고 해요. 저는 한국인이에요.
리쉐 저는 중국인이고, 리쉐라고 해요. 당신을 알게 되어 매우 기뻐요.
박대중 저도 매우 기뻐요.

(1) Piáo Dàzhōng shì Hánguórén.　朴大中是韩国人。 박대중은 한국인이다.

(2) Lǐ Xuě shì Zhōngguórén.　李雪是中国人。 리쉐는 중국인이다.

(3) Lǐ Xuě rènshi Piáo Dàzhōng hěn gāoxìng.
　　李雪认识朴大中很高兴。 리쉐는 박대중을 알게 되어 기뻐한다.

(4) Piáo Dàzhōng rènshi Lǐ Xuě yě hěn gāoxìng.
　　朴大中认识李雪也很高兴。 박대중도 리쉐를 알게 되어 기뻐한다.

말하기 연습

2

(1) 나는 캐나다인이다.　　(2) 그는 이탈리아인이다.　　(3) 나는 일본인이다. 그도 일본인이다.

(4) 그는 나의 친구이다.　　(5) 우리는 친구이면서 동창이다.　　(6) 당신을 알게 되어 매우 기쁘다.

(7) 당신을 알게 되어 매우 기쁘다.

3

(1)

A 저는 중국인이고, 리쉐라고 해요.

B 저는 한국인이고, 박대중이라고 해요.

A 당신을 알게 되어 매우 기뻐요.

B 저도 매우 기뻐요.

영국	일본	미국
마틴	토모미	메리

(2)

A 저는 중국인이에요.

B 저는 영국인이에요.

A 당신을 알게 되어 매우 기뻐요.

B 저도 매우 기뻐요.

한국	캐나다	브라질
이탈리아	중국	미국

실전 말하기 연습

1

我姓金。我叫金智惠。我是韩国人。认识你很高兴。

저의 성은 '김'이고, 김지혜라고 해요. 저는 한국인이에요. 당신을 알게 되어 매우 기뻐요.

05

 **발음 연습**

1

(1) 저는 잘 지내요.
- 제3성의 성조 변화 시 표기가 바뀌지는 않는다. 즉, 여기에서는 '我很好'의 발음을 'Wó hén hǎo'라고 하는 것일 뿐, 성조 표기를 'Wó hén hǎo'라고는 하지 않는다.

2

(1) 也很好 ~도 매우 좋다 / 你等我 당신이 나를 기다리다

(2) 我也走 나도 가다 / 买网卡 랜카드(인터넷 카드)를 사다

(3) 有点儿远 조금 멀다 / 有小雨 가랑비가 내리다

(4) 我有水 나에게 물이 있다 / 你也很早 당신도 매우 빨리 왔군요

3

(1) 名字 이름 / 民族 민족
  电池 건전지 / 电器 가전제품

(2) 分析 분석하다 / 分期 시기를 나누다, 기간을 나누다
  工人 노동자 / 公认 공인하다, 모두가 인정하다

(3) 好心 선의, 호의, 착한, 선량한 / 好些 수많은, 꽤 많은
  几早 얼마나 이르게, 얼마나 빠르게 / 起早 일찍 일어나다

(4) 经验 경험(하다), 체험(하다) / 惊险 아슬아슬하다, 긴장감이 있다
  路费 여행비, 노자 / 旅费 여행 경비

4

(1) 看电影 영화를 보다 / 去学校 학교에 가다

(2) 上商店 상점에 가다 / 来北京 베이징에서 오다

(3) 在前面 앞에서 / 在后面 뒤에서

(4) 找老师 선생님을 찾다 / 好朋友 좋은 친구

(5) 买衣服 옷을 사다 / 吃水果 과일을 먹다

(6) 学汉语 중국어를 배우다 / 写汉字 글자를 쓰다

말하기 훈련

1 말하기 훈련 1

토모미 당신은 이름이 뭐예요?

마틴 저는 마틴이라고 해요.

토모미 당신은 어느 나라 사람인가요?

마틴 저는 영국인이에요.

A Mǎdīng, nǐ shì nǎ guó rén?
　马丁，你是哪国人？ 마틴, 당신은 어느 나라 사람인가요?

B Wǒ shì Yīngguórén.
　我是英国人。 저는 영국인이에요.

2 말하기 훈련 2

토모미 그는 누구인가요?

마틴 그는 저희 선생님이에요.

토모미 그도 영국인인가요?

마틴 그는 영국인이 아니라 독일인이에요.

Yǒuměi Nǐmen lǎoshī yě shì Yīngguórén ma?
友美 你们老师也是英国人吗? 당신네 선생님도 영국인인가요?

Mǎdīng Tā bú shì Yīngguórén.
马丁 他不是英国人。 그는 영국인이 아니에요.

3 말하기 훈련 3

마틴	안녕하세요. 저는 마틴이라고 하고, 영국인이에요. 당신은요?
한나	저는 한나라고 하고, 저도 영국인이에요. 저는 중국어를 공부하고 있어요. 당신은요?
마틴	저는 경제를 공부하고 있고, 중국어도 공부하고 있어요. 그녀는 누구인가요?
한나	그녀는 리쉐이고, 제 친구예요.
마틴	그녀는 일본인인가요?
한나	그녀는 일본인이 아니라 중국인이에요.

Mǎdīng　Wǒ jiào Mǎdīng, shì Yīngguórén. Nǐ ne?
马丁　　我叫马丁，是英国人。你呢? 저는 마틴이라고 하고, 영국인이에요. 당신은요?

Hànnà　Wǒ yě shì Yīngguórén, wǒ jiào Hànnà. Wǒ xuéxí Hànyǔ, nǐ ne?
汉娜　　我也是英国人，我叫汉娜。我学习汉语，你呢?
　　　　저도 영국인이고, 한나라고 해요. 저는 중국어를 공부하고 있어요. 당신은요?

Mǎdīng　Wǒ yě xuéxí Hànyǔ. Tā shì shéi?
马丁　　我也学习汉语。她是谁? 저도 중국어를 공부해요. 그녀는 누구인가요?

Hànnà　Tā shì wǒ péngyou, jiào Lǐ Xuě.
汉娜　　她是我朋友，叫李雪。 그녀는 제 친구고, 리쉐라고 해요.

Mǎdīng　Tā shì Rìběnrén?
马丁　　她是日本人? 그녀는 일본인인가요?

Hànnà　Tā shì Zhōngguórén.
汉娜　　她是中国人。 그녀는 중국인이에요.

말하기 연습

2

(1) 나는 한나라고 하고, 영국인이다. 나는 학생이다.

(2) 우리 선생님 성은 '리'이며, 중국인이 아니다.

(3) 당신의 친구도 학생인가요?

(4) 내 친구는 학생이 아니고 의사이다.

모범답안/해석　117

(5) 당신은 무엇을 배우나요?

(6) 나는 중국 의학을 배운다.

(7) 나는 마틴이라고 하고, 영국인이이다. 나는 중국 의학을 공부하지 않고, 경제를 공부하면서 중국어도 공부하고 있다. 그는 내 친구이다.

3

(1)

A 당신은 어느 나라 사람인가요?

B 저는 <u>독일인</u>이에요.

A 그는 누구인가요?

B 그는 <u>우리 동창</u>이에요.

프랑스	미국
우리 선생님	나의 친구

(2)

A 그는 누구인가요?

B 그는 제 친구예요.

A 그도 <u>독일인</u>인가요?

B 그는 <u>독일인</u>이 아니라 <u>프랑스인</u>이에요.

일본인	학생
한국인	선생님

(3)

A 당신은 무엇을 공부하나요?

B 저는 <u>중국어</u>를 공부해요.

A 그는요?

B 그도 <u>중국어</u>를 공부해요.

경제	법률	중의, 중국 의학

1

我是朴大中，我学习汉语。我妈妈是韩国人，我爸爸是中国人。他是老师。

저는 박대중이라고 합니다. 중국어를 공부하고 있습니다. 저의 어머니는 한국인이시고, 아버지는 중국인입니다. 그는 선생님입니다.

06

1

말하기 훈련 1

토모미	여기는 저희 가족이에요. 이분은 저의 아빠, 엄마 그리고 오빠예요.
지미	저는 형이 없고, 누나와 여동생이 있어요.
토모미	당신네 식구는 5명인가요?
지미	네. 저의 여동생도 학생이고, 그녀도 중국어를 공부해요.
토모미	당신의 누나는요?
지미	저의 누나는 의사예요.

(1) Yǒuměi jiā yǒu bàba、māma hé gēge.
友美家有爸爸、妈妈和哥哥。 토모미는 아버지, 어머니 그리고 오빠가 있다.

(2) Jímǐ méiyǒu gēge, tā yǒu jiějie hé mèimei.
吉米没有哥哥，他有姐姐和妹妹。 지미는 형이 없고, 누나와 여동생이 있다.

(3) Jímǐ jiā yǒu wǔ kǒu rén. 吉米家有五口人。 지미네 식구는 5명이다.

(4) Jímǐ de jiějie shì yīshēng. 吉米的姐姐是医生。 지미의 누나는 의사이다.

말하기 훈련 2

지미   저는 지미라고 하고, 러시아인이에요. 이곳은 저희 반이에요.
        저희 반에는 15명이 있어요. 당신네 반에는 몇 명이 있나요?

한나   저희 반에도 15명이 있어요. 8명은 여학생이고, 7명은 남학생이에요.
        당신네 반에는 몇 명의 여학생이 있나요?

지미   우리 반에는 6명의 여학생, 그리고 9명의 남학생이 있어요.

(1) Jímǐ shì Éluósīrén.
    吉米是俄罗斯人。 지미는 러시아인이다.

(2) Jímǐ   Wǒmen bān yǒu shíwǔ ge rén.
    吉米   我们班有15个人。
        지미   저희 반은 15명이에요.

(3) Jímǐ   Wǒmen bān yǒu liù ge nǚshēng, jiǔ ge nánshēng.
    吉米   我们班有6个女生，9个男生。
        지미   저희 반은 6명의 여학생, 9명의 남학생이 있어요.

(4) Hànnà Wǒmen bān yǒu bā ge nǚshēng, hái yǒu qī ge nánshēng.
    汉娜   我们班有8个女生，还有7个男生。
        한나   저희 반은 8명의 여학생, 그리고 7명의 남학생이 있어요.

말하기 연습

1

(1) 奶牛 젖소 — 奶油 버터
    其实 사실 — 即时 곧, 즉시

(2) 玩具 장난감 — 忘记 잊다, 잊어버리다
    相关 상관이 있다, 상관되다 — 相干 서로 관련되다[부정이나 반문에 자주 쓰임]

(3) 大学 대학교 — 大鞋 큰 신발
    昨天 어제 — 尊严 존엄하다

(4) 花儿 꽃 — 画儿 그림
    地址 주소 — 体制 체제, 제도

2

(1) **爱学习** 공부하기를 좋아하다 / **能开车** 운전을 할 수 있다

(2) **天太冷** 날이 매우 춥다 / **天太热** 날이 매우 덥다

(3) **我和他** 나와 그 / **他和你** 그와 너

(4) **都来了** 모두 왔다 / **都没来** 모두 오지 않았다

(5) **能去吗** 갈 수 있나요? / **坐飞机** 비행기를 타다

(6) **电脑桌** 컴퓨터 책상 / **女同学** 여학생

3

(1) 아빠와 엄마 (2) 한국과 일본 (3) 토요일과 일요일

(4) 중국 친구가 있다 (5) 형(오빠)은 있고, 여동생은 없다 (6) 몇 사람

(7) 몇 개의 반 (8) 몇 명의 여학생 (9) 몇 명의 학우

4

(1)

A 이 분은 누구예요?

B 이 분은 저의 아버지이시고, 대학 교수예요.

그의 형(오빠)	나의 남동생	내 친구
중·고등학교 선생님	학생	의사

(2)

저는 형(오빠)이 한 명 있고, 누나(언니)는 없어요.

둘	하나	셋
누나(언니)	여동생	한국 학생
여동생	남동생	미국 학생

(3)

A 당신네 반에는 몇 명이 있나요?

B 우리 반에는 17명이 있어요.

그들 반	우리 반
그들 반	우리 반
21	19

(4)

A 당신네 반 여학생은 몇 명인가요?

B 저희 반은 8명의 여학생이 있어요.

선생님	남학생
3명의 선생님	10명의 남학생

5

(1) 你们班有几个男生

(2) 他们班有多少人

(3) 你们班有多少个老师

(4) 我家有三口人

 실전 말하기 연습

1

　　我叫汉娜，我是美国人。这是我们班，他是我们班的同学。他有女朋友，我没有男朋友。我们班有16个人，8个男生，8个女生。

저는 한나라고 하고, 미국인입니다. 이것은 저희 반이고, 그는 저희 반 학우입니다. 그는 여자친구가 있고, 저는 남자친구가 없습니다. 저희 반은 16명인데, 남학생 8명, 여학생 8명입니다.

07

말하기 훈련

1 말하기 훈련 1

한나   안녕하세요, 물 한 병을 사려고 하는데요.

점원   1.5위안이에요.

한나   빵은 한 개에 얼마예요?

점원   3위안이에요.

한나   빵 한 개 더 살게요.

점원   또 다른 것도 필요한가요?

한나   필요하지 않아요.

점원   모두 4.5위안이에요.

한나   모두 얼마라고요? 10.5위안이라고요?

점원   10.5위안이 아니라, 4.5위안이에요.

한나   죄송합니다.

(1) Yì píng shuǐ yí kuài wǔ. 一瓶水一块五。 물 한 병에 1.5위안이다.

(2) Yí ge miànbāo sān kuài. 一个面包三块。 빵 한 개에 3위안이다.

(3) Hànnà yào yì píng shuǐ、yí ge miànbāo.
汉娜要一瓶水、一个面包。 한나는 물 한 병과 빵 한 개를 사려고 한다.

(4) Yígòng sì kuài wǔ. 一共四块五。 모두 4.5위안이다.

2 말하기 훈련 2

점원   무엇이 필요하세요?

지미   포도를 사려고 하는데, 한 근에 얼마예요?

점원   4위안이에요.

지미	두 근 주세요.
점원	또 다른 것도 필요한가요?
지미	배는 어떻게 팔아요?
점원	이건 한 근에 6위안이에요.
지미	너무 비싸네요.
점원	저건 싸요. 한 근에 2.5위안이에요.
지미	맛있어요?
점원	맛있어요.
지미	세 개 주세요.
점원	또 다른 것도 필요한가요?
지미	필요하지 않아요.

(1) Pútao sì kuài yì jīn. 葡萄四块一斤. 포도는 한 근에 4위안이다.

(2) Zhè zhǒng lí liù kuài yì jīn, tài guì le. 这种梨六块一斤，太贵了. 이 배는 한 근에 6위안이다. 너무 비싸다.

(3) Nà zhǒng lí piányi, liǎng kuài wǔ yì jīn. 那种梨便宜，两块五一斤. 저 배는 싸다. 한 근에 2.5위안이다.

(4) Jímǐ xiǎng mǎi liǎng jīn pútao, hái yào sān ge lí. 吉米想买两斤葡萄，还要三个梨. 지미는 포도 2근을 사고 싶고, 또 배 3개를 사려고 한다.

말하기 연습

1

(1) 肚子 배, 복부 — 兔子 토끼
读书 책을 읽다, 독서하다 — 图书 도서, 책

(2) 房间 방 — 饭钱 밥값
汉字 한자 — 合资 합자하다, 공동으로 출자하다

(3) 护照 여권 — 胡闹 시끄럽다
还债 빚을 갚다 — 旱灾 한재, 가뭄 피해

(4) 缓和 완화하다, 느슨해지다 — 谎话 거짓말
橘红 붉은빛이 도는 귤색 — 橘黄 오렌지색, 귤빛

2

(1) 他有书 그는 책이 있다 / 我没有 나는 없다

(2) 喝咖啡 커피를 마시다 / 吃早饭 아침밥을 먹다

(3) 不说话 말하지 않다 / 没看见 보지 못하다

(4) 回家了 집으로 돌아가다 / 他叫你 그가 너를 부른다

(5) 听我说 내 말을 듣다 / 找工作 일자리를 구하다

(6) 下大雨 큰비가 내리다 / 能去吗 갈 수 있나요?

3

(1) 저는 빵 세 개를 사려고 해요.
(2) 필요 없어요.
(3) 물 한 병에 1.5위안이에요.
(4) 또 다른 것은 필요 없나요?
(5) 다른 것은 필요 없어요.
(6) 모두 얼마예요?
(7) 모두 26위안이에요.

4

(1)
빵을 사려고 하는데요, 한 개에 얼마예요?

공책, 노트	사과	펜, 필기도구
개	근	자루

(2)
A 빵 어떻게 팔아요?
B 한 개에 1.5위안이에요.

포도	공책, 노트	물
6위안	4.7위안	2.05위안
근	개	병

(3)

너무 비싸네요.

| 좋다 | 맛있다 | 기쁘다 | 싸다 |

5

(1) 你要什么

(2) 不要了

(3) 一共多少钱

1

(1)

A 面包多少钱一个？ 빵 한 개에 얼마예요?
B 三块五。 3.5위안이에요.

A 面包多少钱一包？ 빵 한 봉지에 얼마예요?
B 六块三。 6.3위안이에요.

A 水多少钱一瓶？ 물 한 병에 얼마예요?
B 一块八。 1.8위안이에요.

A 葡萄多少钱一斤？ 포도 한 근에 얼마예요?
B 三块九。 3.9위안이에요.

A 梨多少钱一斤？ 배 한 근에 얼마예요?
B 六块二。 6.2위안이에요.

A 苹果多少钱一斤？ 사과 한 근에 얼마예요?
B 五块八。 5.8위안이에요.

(2)

A 你要什么？ 무엇이 필요하세요?
B 我有10元钱，要买一个面包，一斤葡萄，和一瓶水。一共多少钱？
제게 10위안이 있는데, 빵 한 개, 포도 한 근, 물 한 병을 사려고 해요. 모두 얼마예요?
A 一共九块二。 모두 9.2위안이에요.

08

말하기 훈련

1 말하기 훈련 1

지미 　말씀 좀 여쭙겠습니다. 슈퍼마켓은 어디에 있나요?
행인 　앞쪽에 있어요.
지미 　먼가요?
행인 　그리 멀지 않아요. 보세요. 저기가 우체국이고, 슈퍼마켓은 우체국 뒤쪽에 있어요.
지미 　감사해요.
행인 　뭘요.

(1) Chāoshì zài qiánbian. 超市在前边。 슈퍼마켓은 앞쪽에 있다.

(2) Chāoshì zài yóujú hòubian. 超市在邮局后边。 슈퍼마켓은 우체국 뒤쪽에 있다.

(3) Chāoshì bú tài yuǎn. 超市不太远。 슈퍼마켓은 그리 멀지 않다.

2 말하기 훈련 2

토모미 　말씀 좀 여쭙겠습니다. 중국은행은 어느 곳에 있나요?
학생 　학교 안에는 중국은행이 없어요.
토모미 　근처에 중국은행이 있나요?
학생 　학교 맞은편에 하나 있는데, 바로 슈퍼마켓 옆쪽에 있어요.
토모미 　감사해요.
학생 　뭘요.

(1) Qǐngwèn, Zhōngguó Yínháng zài shénme dìfang?
请问, 中国银行在什么地方？ 말씀 좀 여쭙겠습니다. 중국은행은 어느 곳에 있나요?

(2) Fùjìn yǒu Zhōngguó Yínháng ma? 附近有中国银行吗？ 근처에 중국은행이 있나요?

(3) Chāoshì pángbiān yǒu yí ge Zhōngguó Yínháng.
超市旁边有一个中国银行。 슈퍼마켓 옆에 중국은행이 하나 있어요.

(4) Xuéxiào duìmiàn yǒu yí ge Zhōngguó Yínháng.
学校对面有一个中国银行。 학교 맞은편에 중국은행이 하나 있어요.

말하기 연습

1

(1) 快车 급행열차, 급행 버스 — 开车 운전하다

(2) 难过 고통스럽다, 괴롭다 — 难怪 어쩐지, 과연, 이상할 것 없다

(3) 上网 인터넷에 접속하다 — 伤亡 사상하다, 사상자

(4) 眼镜 안경 — 眼睛 눈

(5) 办理 처리하다, 취급하다 — 攀比 높은 수준으로 비기다

(6) 北方 북방, 북쪽 — 本行 본업, 본점

(7) 必须 반드시, 꼭 — 比喻 비유하다

(8) 打扮 분장하다, 치장하다 — 大方 대범하다, 시원스럽다

2

(1) 在东边 동쪽에 있다 / 在西边 서쪽에 있다

(2) 在南边 남쪽에 있다 / 在北边 북쪽에 있다

(3) 去车站 정거장에 가다 / 上医院 병원에 가다

(4) 找洗手间 화장실을 찾다 / 去地铁站 지하철역에 가다

3

(1) 슈퍼마켓은 우체국 맞은편에 있다.
(2) 슈퍼마켓은 우체국 맞은편에 없다.
(3) 슈퍼마켓은 어디에 있나요?
(4) 어디에 은행이 있나요?
(5) 은행은 어느 곳에 있나요?
(6) 학교 안에는 우체국이 하나 있다.

(7) 학교 안에는 병원이 없다.

4

(1)
말씀 좀 여쭙겠습니다. 슈퍼마켓은 어디에 있나요?

| 은행 | 병원 | 지하철역 |

(2)
A 말씀 좀 여쭙겠습니다. 은행은 어디에 있나요?
B 은행은 우체국 옆에 있어요.

| 학교 | 슈퍼마켓 | 정류장 |
| 동쪽 | 남쪽 | 서쪽 |

(3)
근처에 슈퍼마켓이 있나요?

| 학교 앞쪽 | 학교 안 | 당신네 집 근처 |
| 정류장 | 은행 | 학교 |

(4)
A 지하철역은 먼가요?
B 멀지 않아요. 바로 학교 앞에 있어요.

| 은행 | 정류장 | 학교 |
| 학교 안 | 우체국 맞은편 | 우리 집 옆 |

5

(1) 医院在什么地方

(2) 银行在什么地方

(3) 超市远吗

(4) 在车站后边 / 不太远

실전 말하기 연습

1

(1)
- A 学校在哪儿？ 학교는 어디에 있나요?
- B 学校在银行西边。 학교는 은행 서쪽에 있어요.

- A 医院在哪儿？ 병원은 어디에 있나요?
- B 医院在银行南边。 병원은 은행 남쪽에 있어요.

- A 超市在哪儿？ 슈퍼마켓은 어디에 있나요?
- B 超市在医院东边。 슈퍼마켓은 병원 동쪽에 있어요.

- A 地铁站在哪儿？ 지하철역은 어디에 있나요?
- B 地铁站在学校北边。 지하철역은 학교 북쪽에 있어요.

- A 车站在哪儿？ 정류장은 어디에 있나요?
- B 车站在超市北边。 정류장은 슈퍼마켓 북쪽에 있어요.

- A 银行在哪儿？ 은행은 어디에 있나요?
- B 银行在学校东边。 은행은 학교 동쪽에 있어요.

09

말하기 훈련

말하기 훈련 1

박대중　어디 가세요?

지미　교실에 가요.

박대중　교실에 간다고요? 오늘은 토요일이어서 수업이 없어요.

지미　토요일이요? 아니에요. 오늘은 금요일이에요.

박대중　당신 컴퓨터를 보세요. 오늘은 토요일이에요.

지미	오늘이 몇 월 며칠이죠?
박대중	9월 26일이에요.
지미	아, 9월 26일, 토요일이군요. 수업이 없어서 정말 좋네요!

(1) Jímǐ xiǎng qù jiàoshì. 吉米想去教室。 지미는 교실로 가려고 한다.

(2) Jīntiān jiǔyuè èrshíliù hào, xīngqīliù. 今天9月26号，星期六。 오늘은 9월 26일, 토요일이다.

(3) Jīntiān xīngqīliù, méiyǒu kè, Jímǐ hěn gāoxìng.
今天星期六，没有课，吉米很高兴。 오늘은 토요일이라 수업이 없어서 지미는 매우 기쁘다.

말하기 훈련 2

한나	오늘 몇 월 며칠이죠?
마틴	오늘은 9월 14일이에요.
한나	내일은 추석이에요. 맞죠?
마틴	아니요. 올해 추석은 10월 4일이에요.
한나	10월 4일이요? 10월 4일은 제 생일이에요.
마틴	정말 좋네요. 추석 연휴에 우리 같이 놀러 가는 거 어때요?
한나	좋아요. 괜찮아요.

(1) Míngtiān bú shì Zhōngqiūjié. 明天不是中秋节。 내일은 추석이 아니다.

(2) Jīnnián de Zhōngqiūjié shì shíyuè sì hào. 今年的中秋节是10月4号。 올해 추석은 10월 4일이다.

(3) Hànnà de shēngrì shì shíyuè sì hào. 汉娜的生日是10月4号。 한나의 생일은 10월 4일이다.

(4) Zhōngqiūjié fàngjià, Mǎdīng xiǎng hé Hànnà yìqǐ qù wánr.
中秋节放假，马丁想和汉娜一起去玩儿。 추석 연휴에 마틴과 한나는 함께 놀러 가려고 한다.

말하기 연습

1

(1) 浪漫 낭만 — 烂漫 눈부시다
哪里 어디 — 那里 거기

(2) 风雨 비바람, 혹독한 시련 — 富裕 부유하다
   好比 마치 ~같다 — 何必 하필이면, 구태여 ~할 필요가 있는가

(3) 红灯 붉은 등 — 黄登 노란 등
   预期 예상하다 — 一起 함께

(4) 忙碌 (정신없이) 바쁘다, 서두르다 — 盲目 맹목적, 무작정
   屈服 굴복하다 — 欺负 얕보다

2

(1) 昨天我没课。 어제 나는 수업이 없었다.

(2) 前天我去酒吧了。 그저께 나는 술집에 갔다.

(3) 后天我去买电脑。 모레 나는 컴퓨터를 사러 간다.

(4) 我想去公园。 나는 공원에 가려고 한다.

3

(1) 오늘은 10월 1일이다.   (2) 오늘은 10월 1일이다

(3) 내일은 엄마의 생일이다.   (4) 우리는 함께 공원에 간다.

(5) 우리는 함께 공원에 놀러 간다.   (6) 모레 우리는 함께 공원에 놀러 간다.

4

(1)
오늘은 몇 월 며칠인가요?

| 어제 | 모레 | 그저께 | 내일 |

(2)
오늘은 무슨 요일인가요?

| 내일 | 15일 | 6월 10일 |

(3)
내일은 2월 7일 목요일이다.

7	11	12
11	23	31
화요일	토요일	일요일

5

(1) 几月几号

(2) 星期几

(3) 我去学校

 실전 말하기 연습

1

(1) 每星期有三天的课，星期三，星期四，星期五。 매주 수요일, 목요일, 금요일 3일 동안 있습니다.

(2) 两天去图书馆，就是10月10号，10月30号。 이틀은 도서관에 가는데, 10월 10일, 10월 30일입니다.

(3) 汉娜的生日是10月4号，星期二。 한나의 생일은 10월 4일 화요일입니다.

 말하기 훈련

1

말하기 훈련 1

친구　너는 매일 몇 시에 수업을 들으러 가니?

토모미　나는 매일 8시에 수업을 들으러 가.

친구	몇 시에 수업이 끝나니?
토모미	11시 반에 수업이 끝나.
친구	1시간 수업은 시간이 얼마나 돼?
토모미	1시간 수업은 50분이야.
친구	너희는 매일 몇 시간 동안 수업이 있니?
토모미	우리는 매일 오전에 4시간 동안 수업이 있고, 오후에는 어떤 때는 수업이 있고, 어떤 때는 수업이 없어.

(1) Yǒuměi měitiān bā diǎn shàngkè, shíyī diǎn bàn xiàkè.
　　友美每天8点上课，11点半下课。 토모미는 매일 8시에 수업을 들으러 가고, 11시 반에 수업이 끝난다.

(2) Yǒuměi　Wǒmen měitiān shàngwǔ yǒu sì jié kè.
　　友美　　我们每天上午有四节课。
　　토모미　우리는 매일 오전에 4시간 동안 수업이 있어.

(3) Yì jié kè wǔshí fēnzhōng.　一节课50分钟。 1시간 수업은 50분이다.

(4) Yǒuměi　Xiàwǔ yǒude shíhou méiyǒu kè.
　　友美　　下午有的时候没有课。
　　토모미　오후에 어떤 때는 수업이 없어.

말하기 훈련 2

지미	지금 몇 시예요?
박대중	지금 11시 10분이에요.
지미	11시 10분이라고요? 너무 늦었네요.
박대중	네. 너무 늦었으니 자요. 내일 7시 15분 전에 일어나야죠.
지미	내일은 무슨 요일이죠?
박대중	화요일이에요. 당신 수업이 있나요?
지미	있어요.
박대중	몇 시에 수업을 들으러 가나요?
지미	8시에 수업을 들으러 가요. 당신은요? 당신은 몇 시에 회사에 가나요?
박대중	8시 반이요.
지미	언제 돌아오나요?

박대중	저녁 7시요. 당신은 내일 오후에 수업이 있나요?	
지미	오후에 2시간 동안 수업이 있어서, 3시 반에 수업이 끝나고 5시에 돌아와요.	
박대중	저녁에 우리 함께 저녁 식사하는 게 어때요?	
지미	좋아요. (우리) 자요. 안녕히 주무세요.	

(1) Xiànzài shíyī diǎn shí fēn, tài wǎn le. 现在11点10分，太晚了。 지금은 11시 10분이다. 너무 늦었다.

(2) Jímǐ míngtiān bā diǎn shàngkè. 吉米明天8点上课。 지미는 내일 8시에 수업을 들으러 간다.

(3) Piáo Dàzhōng míngtiān bā diǎn bàn qù gōngsī, wǎnshang qī diǎn huílai.
朴大中明天8点半去公司，晚上7点回来。 박대중은 내일 8시 반에 회사에 가고 저녁 7시에 돌아온다.

(4) Jímǐ sān diǎn bàn xiàkè, wǔ diǎn huílai.
吉米3点半下课，5点回来。 지미는 3시 반에 수업을 끝내고 5시에 돌아온다.

(5) Tāmen xiǎng wǎnshang yìqǐ chī wǎnfàn.
他们想晚上一起吃晚饭。 그들은 저녁에 함께 저녁 식사를 하려고 한다.

말하기 연습

1

(1) 难受 (육체적·정신적으로) 괴롭다, 견딜 수 없다 — 能够 ~할 수 있다
可以 가능하다, ~해도 좋다 — 客气 예의 바르다, 겸손하다

(2) 翻译 번역하다, 통역하다 — 放弃 버리다, 포기하다
平日 평일, 평소 — 平时 평소, 평상시

(3) 人生 인생 — 认识 알다, 인식하다
好吃 맛있다 — 好奇 호기심

(4) 长的 긴, 오래 걸리는 — 脏的 더러운
下班 퇴근하다 — 上班 출근하다

2

(1) 明天不上班。 내일은 출근하지 않는다. (2) 他们下班了。 그들은 퇴근했다.

(3) 还没吃午饭。 아직 점심을 먹지 않았다. (4) 今天我休息。 오늘 나는 쉰다.

3

(1) 지금은 12시 10분이다.

(2) 지금은 12시 15분이다.

(3) 지금은 12시 반이다.

(4) 지금은 1시 15분 전이다.

(5) 수업은 언제 있나요?

(6) 오늘 오후에 2시간 동안 수업이 있다.

(7) 수업을 들으러 가자.

(8) 우리 수업을 들으러 가자.

4

(1)

A 지금 몇 시예요?

B 지금 10시예요.

| 8시 | 1시 30분 | 2시 15분 | 6시 55분 |

(2)

당신은 매일 몇 시에 수업을 듣나요?

| 기상하다, 일어나다 | 점심 식사를 하다 | 아침 식사를 하다 | 출근하다 |

(3)

A 당신은 언제 돌아오나요?

B 저는 7시에 돌아와요.

퇴근하다	학교에 가다	수업이 없다
5시	내일	일요일

5

(1) 起床 / 吃早饭

(2) 几点上课

(3) 我每天运动

 실전 말하기 연습

1

(1)

他7点半起床，8点吃早饭。9点上课，5点做运动。他下午6点吃晚饭。晚上9点他看书，10点睡觉。

그는 7시 반에 일어나고, 8시에 아침 식사를 합니다. 9시에 수업을 듣고, 5시에 운동을 합니다. 그는 오후 6시에 저녁 식사를 합니다. 저녁 9시에 책을 보고, 10시에 잠을 잡니다.

(2)

A 你每天几点起床？ 당신은 매일 몇 시에 일어나나요?
B 我每天6点起床。 저는 매일 6시에 일어나요.

A 你每天几点上课？ 당신은 매일 몇 시에 수업을 듣나요?
B 我每天上午8点半上课。 저는 매일 8시 반에 수업을 들어요.

A 你每天晚上几点睡觉？ 당신은 매일 저녁 몇 시에 잠을 자나요?
B 我每天晚上10点睡觉。 저는 매일 저녁 10시에 잠을 자요.

11

 말하기 훈련

말하기 훈련 1

리쉐 토모미, 당신은 지금 어디에 살아요?
토모미 저는 유학생 기숙사에 살아요. 당신은요?
리쉐 저는 학교 밖, 화위안샤오취에 살아요.
토모미 당신네 단지는 어디에 있나요?
리쉐 바로 학교 서쪽에 있어요.
토모미 학교에서 멀리 떨어져 있나요?
리쉐 그렇게 멀지 않아요. 자전거를 타면 10분, 걸어서는 30분 걸려요.

토모미　정말 가깝네요.

리쉐　네. 정말 가까워요.

(1) Yǒuměi zhù zài liúxuéshēng sùshè, Lǐ Xuě zhù zài xuéxiào wàibian.
友美住在留学生宿舍，李雪住在学校外边。토모미는 유학생 기숙사에 살고, 리쉐는 학교 밖에 산다.

(2) Lǐ Xuě zhù zài Huāyuán Xiǎoqū.
李雪住在花园小区。리쉐는 화위안샤오취에 산다.

(3) Zhè ge xiǎoqū lí xuéxiào bú tài yuǎn, qí zìxíngchē yào shí fēnzhōng, zǒulù yào bàn ge xiǎoshí.
这个小区离学校不太远，骑自行车要10分钟，走路要半个小时。이 단지는 학교에서 그렇게 멀지 않다. 자전거를 타면 10분, 걸어서는 30분이 걸린다.

말하기 훈련 2

리쉐　토모미, 당신 요즘 어때요?

토모미　저는 잘 지내요.

리쉐　마틴네는요?

토모미　그들 모두 잘 지내요.

리쉐　당신 요즘 바쁜가요?

토모미　그렇게 바쁘지 않아요.

리쉐　시간이 있으면 우리 집에 놀러 와요.

토모미　좋아요. 당신은 화위안샤오취에 사는 거 맞죠?

리쉐　맞아요. 저희 단지는 정말 크고, 또 정말 아름다워요. 학교에서도 멀지 않고요.

토모미　당신네 집에 어떻게 가나요?

리쉐　25번 버스를 타고 화위안샤오취에서 내리면 돼요.

토모미　좋아요. 제가 내일 오후에 가는 건 어때요?

리쉐　정말 좋아요.

(1) Yǒuměi zuìjìn hěn hǎo.
友美最近很好。토모미는 요즘 잘 지낸다.

(2) Huāyuán Xiǎoqū hěn dà, yě hěn piàoliang.
花园小区很大，也很漂亮。화위안샤오취는 정말 크고, 또 정말 아름답다.

(3) Huāyuán Xiǎoqū lí xuéxiào yě bù yuǎn.
　　花园小区离学校也不远。 화위안샤오취는 학교에서도 멀지 않다.

(4) Qù Lǐ Xuě jiā zuò èrshíwǔ lù gōnggòng qìchē, zài Huāyuán Xiǎoqū xià chē.
　　去李雪家坐25路公共汽车，在花园小区下车。 리쉐의 집은 25번 버스를 타고 화위안샤오취에서 내리면 된다.

(5) Yǒuměi míngtiān xiàwǔ qù Lǐ Xuě jiā.
　　友美明天下午去李雪家。 토모미는 내일 오후에 리쉐의 집에 간다.

말하기 연습

1

(1) 特别远 특히 멀다 / 特别好吃 특히 맛있다 / 特别漂亮 특히 아름답다

(2) 非常忙 매우 바쁘다 / 非常高兴 매우 기분 좋다 / 非常便宜 매우 싸다

(3) 坐火车 기차를 타다 / 坐飞机 비행기를 타다

2

(1) 우리 집은 학교에서 매우 가깝다.
(2) 그의 집은 학교에서 그렇게 멀지 않다.
(3) 그의 집은 학교에서 매우 가깝다.
(4) 당신은 요즘 바쁜가요?
(5) 나는 요즘 그렇게 바쁘지 않다.
(6) 우리는 요즘 모두 매우 바쁘다.
(7) 이 단지는 매우 아름답다.
(8) 이 단지는 매우 크고, 또 매우 아름답다.

3

(1)
A 당신은 지금 어디 살아요?
B 저는 학생 기숙사에 살아요. 당신은요?
A 저는 학교 밖에 살아요.

친구 집	학생 아파트	시안[중국 지명]
학교 기숙사	기숙사 건물	상하이[중국 지명]

(2)

시간이 있으면 <u>우리 집</u>에 놀러 <u>와요</u>.

오다	가다	가다
상하이[중국 지명]	시안[중국 지명]	공원

(3)

<u>당신 화위안샤오취에 사는 게</u> 맞죠?

학생 아파트는 매우 크다	당신은 자전거를 타고 간다	우리는 8시에 수업을 듣는다

4

(1) 他现在住哪儿

(2) 学校离你家远吗

(3) 我起自行车去

실전 말하기 연습

1

(1) **他住在花园小区。** 그는 화위안샤오취에 살아요.

(2) **他家离学校不远。** 그의 집은 학교에서 멀지 않아요.

(3) **他骑自行车要15分钟。** 그는 자전거를 타고 가는데 15분이 걸려요.

(4) **她在车站坐公共汽车去公司, 要20分钟。** 그녀는 정류장에서 버스를 타고 회사에 가는데 20분이 걸려요.

12

말하기 훈련

1 말하기 훈련 1

박대중 저는 장 지배인의 친구입니다. 제 이름은 박대중이라고 해요.
마틴 저도 그의 친구예요. 제 이름은 마틴이라고 해요.
박대중 당신은 그의 동료인가요?
마틴 아니요. 저는 유학생이고, 베이징에서 중국어를 공부하고 있어요. 당신은요?
박대중 저는 광고회사에서 일해요. 이것은 제 명함이에요.
마틴 감사합니다. 죄송해요. 저는 명함이 없어요.
박대중 당신의 전화는 어떻게 되나요?
마틴 제 방 전화는 62511301이고, 제 휴대전화 번호는 13521197633이에요.

(1) Tāmen dōu shì Zhāng zǒng de péngyou.
他们都是张总的朋友。 그들은 모두 장 지배인의 친구이다.

(2) Piáo Dàzhōng zài guǎnggào gōngsī gōngzuò.
朴大中在广告公司工作。 박대중은 광고 회사에서 일한다.

(3) Mǎdīng shì liúxuéshēng, tā zài Běijīng xuéxí Hànyǔ.
马丁是留学生，他在北京学习汉语。 마틴은 유학생이고, 그는 베이징에서 중국어를 공부한다.

(4) Liù èr wǔ yī yī sān líng yī shì Mǎdīng fángjiān de diànhuà, tā de shǒujī hàomǎ shì yī sān wǔ èr yī yī jiǔ qī liù sān sān.
62511301是马丁房间的电话，他的手机号码是13521197633。
62511301은 마틴의 방 전화이고, 그의 휴대전화 번호는 13521197633이다.

2 말하기 훈련 2

마틴 당신은 텔레비전 보는 걸 좋아하나요?
토모미 저는 텔레비전 보는 걸 싫어해요. 광고가 너무 많거든요.

마틴	광고가 많아요?
토모미	너무 많아요. 프로그램마다 앞에 모두 광고가 너무 많아요.
마틴	저는 특히 광고를 좋아해요. 저는 매일 저녁 8시부터 12시까지 전부 텔레비전을 보는데, 광고에 가장 흥미를 느껴요.
토모미	당신은 왜 광고 보는 걸 좋아하나요?
마틴	광고를 보면서 중국어를 공부할 수 있거든요.

(1) Mǎdīng xǐhuan kàn diànshì, tā tèbié xǐhuan guǎnggào, tā duì guǎnggào zuì gǎn xìngqù.
马丁喜欢看电视，他特别喜欢广告，他对广告最感兴趣。
마틴은 텔레비전 보는 걸 좋아하는데, 그는 특히 광고를 좋아하고, 광고에 대해 가장 흥미를 느낀다.

(2) Kàn guǎnggào kěyǐ xuéxí Hànyǔ.
看广告可以学习汉语。 광고를 보면서 중국어를 배울 수 있다.

말하기 연습

1

(1) 逛公园 공원을 거닐다 / 去商店 상점에 가다 / 妈妈做饭 엄마가 밥을 짓다

(2) 我喜欢上网。 나는 인터넷 하는 걸 좋아한다.

(3) 他喜欢旅游。 그는 여행을 좋아한다.

(4) 我住在旅馆。 나는 여관에 머무른다.

(5) 这是北京饭店。 여기는 베이징호텔이다.

(6) 我们都喜欢漂亮衣服。 우리 모두 예쁜 옷을 좋아한다.

2

(1) 이것은 나의 휴대전화 번호이다.

(2) 나의 전화번호는 825095130이다.

(3) 나는 중국어에 대해 매우 흥미를 느낀다.

(4) 우리는 모두 중국어에 대해 흥미를 느낀다.

(5) 그는 중국어에 대해 가장 흥미를 느낀다.

(6) 우리는 모두 그의 영화에 대해 흥미를 느낀다.

3

(1)
나는 상하이에서 중국어를 공부한다.

슈퍼마켓	방	집 안
물건을 사다	텔레비전을 보다	인터넷을 하다

(2)
A 당신들은 무엇을 하는 걸 좋아하나요?
B 우리는 영화 보는 걸 좋아해요.

인터넷을 하다	상점을 거닐다	집에서 텔레비전을 보다

(3)
A 당신은 무엇에 대해 가장 흥미를 느끼나요?
B 저는 광고에 대해 가장 흥미를 느껴요.

여행하다	이 프로그램	중국어를 공부하다

5

(1) 你在哪儿学习

(2) 你喜欢做什么

(3) 他来中国学习汉语

1

(1)
俱乐部安排如此：
从下午1点到2点半看电影，学习汉语，逛商店，和吃中国饭。
从下午3点到4点半骑自行车，逛商店。
从晚上7点到9点看电视，学习汉语，和吃中国饭。

클럽 활동은 이렇습니다.
오후 1시부터 2시 반까지 영화 보기, 중국어 공부하기, 쇼핑하기, 중국 음식 먹기입니다.
오후 3시부터 4시 반까지는 자전거 타기, 쇼핑하기입니다.
저녁 7시부터 9시까지는 텔레비전 보기, 중국어 공부하기, 중국 음식 먹기입니다.

(2)
- **A** 你喜欢做什么？ 당신은 무엇을 하는 걸 좋아하나요?
- **B** 我喜欢骑自行车。 저는 자전거 타는 걸 좋아해요.

- **A** 你喜欢吃什么？ 당신은 무엇을 먹는 걸 좋아하나요?
- **B** 我喜欢吃中国饭。 저는 중국 음식 먹는 걸 좋아해요.

- **A** 你什么时候看电视？ 당신은 언제 텔레비전을 보나요?
- **B** 我从下午7点到9点看电视。 저는 오후 7시부터 9시까지 텔레비전을 봐요.

- **A** 你对什么最感兴趣？ 당신은 무엇에 흥미가 있나요?
- **B** 我对学习汉语最感兴趣。 저는 중국어 공부하는 것에 가장 흥미가 있어요.